미셸 푸코의 『지식의 고고학』 읽기

세창명저산책_043

미셸 푸코의 『지식의 고고학』 읽기

초판 1쇄 발행 2016년 2월 20일
초판 2쇄 발행 2021년 2월 25일
—
지은이 허 경
펴낸이 이방원
기획위원 원당희
편 집 김명희·안효희·정조연·정우경·송원빈·최선희·조상희
디자인 손경화·박혜옥·양혜진   **영 업** 최성수
—
펴낸곳 세창미디어

신고번호 제312-2013-000002호   주소 03735 서울시 서대문구 경기대로 88 냉천빌딩 4층

전화 723-8660 팩스 720-4579 **이메일** edit@sechangpub.co.kr   **홈페이지** http://www.sechangpub.co.kr

블로그 blog.naver.com/scpc1992 **페이스북** fb.me/Sechangofficial **인스타그램** @sechang_official
—
ISBN 978-89-5586-418-2   03160

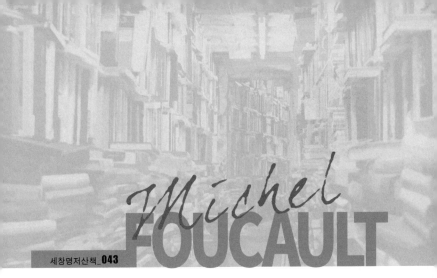

Michel
FOUCAULT

세창명저산책_043

허 경 지음

미셸 푸코의 『지식의 고고학』 읽기

세창미디어
MEDIA

| CONTENTS |

1. 이 책에 등장하는 『지식의 고고학』의 인용은 문장의 경우 겹 따옴표 " " 안에, 단어·어구의 경우 작은따옴표 ' ' 안에 넣고, 그 뒤에 괄호를 만들어 순서대로 프랑스어 원서 및 우리말 번역본의 쪽수를 표기했다. 가령 표기 (11; 19)는 각기 프랑스 원서의 11쪽, 우리말 번역본의 19쪽에 해당 인용문이 있음을 의미한다. 번역본과 원서의 서지 정보는 참고문헌에 기재했다.

2. 인용 부분의 번역은 단어·어구처럼 단편적 인용의 경우 기본적으로 현재 우리말 번역본의 표현을 존중했으며 몇몇 어색한 문형의 경우에만 문맥에 맞추어 가다듬는 수준에서 수정했다. 다만 하나 혹은 몇 개의 문장 전체를 인용하는 경우에는 가급적 나 자신이 새롭게 번역하여 싣는 것을 원칙으로 했다.

3. 중요 개념은 가급적 괄호를 만들어 한자와 프랑스어의 원어를 함께 표기하는 식으로 독자들의 이해와 편의를 도모했다. 또 이 책의 핵심이 담겨 있는 몇몇 중요한 문장 전체를 인용한 경우에도 마찬가지의 원칙을 준수하고자 노력했다.

1장
들어가면서
— 『지식의 고고학』의 일반적 특성

　프랑스의 사상가 미셸 푸코Michel Foucault(1926-1984)는 1969년 에 『지식의 고고학L'Archéologie du savoir』을 발간한다. 『지식의 고고학』은 대략만 훑어보아도 대단히 복잡하고 난해한, 고 도의 이론적 저작이다. 우선 아래에서는 『지식의 고고학』 이 당시의 프랑스, 넓게는 유럽에서 가졌던 이론적 · 실천적 의의를 정리해 보자.

　첫째, 무엇보다도 『지식의 고고학』은 하나의 **방법론 저 작**이다. 곧 『지식의 고고학』은 푸코의 1966년 저작 『말과 사물—인간과학에 대한 하나의 고고학Les mots et les choses. Une archéologie des sciences humaines』에 대한 이론적 보충 혹은 세련화이다. 따라서 『지식의 고고학』을 이해하기 위해서는 『말과 사물』, 나아가 1960년대의 푸코 사유 전반, 더 넓게는 당시 프랑스와 유럽의 지적 사조 일반에 대한 이해가 선행되어야 한다. 『말과 사물』로 대표되는 1960년대 푸코의 저작들은 당시 동시대 지성계에서 막강한 영향력을 행사하고 있던 헤겔·마르크스류의 '역사철학'에 대한 비판적 관심에서 저술되고 또 그렇게 이해되었기 때문이다.

둘째, 이런 면에서 『지식의 고고학』은 1960년대 푸코 사유의 일반적 기조를 이루고 있었던 '광의의 **구조주의적** 영향력'(푸코 본인은 이러한 영향력을 부정하나, 이에 대해서는 본문에서 자세히 살피도록 한다)으로부터 벗어나려는 푸코 자신의 지적 모색을 상징하는 책이다. 푸코가 이러한 '광의의 구조주의적 영향력'으로부터 벗어나고자 하는 주된 이유는 동시대의 마르크스주의자들에게 받은 비판, 곧 푸코의 사유가 사회 '변혁'의 동력을 이해하지도 제공하지도 못한다는, 말하자면 그것이 '체제 수호적' 기능을 수행한다는 비판이다.

셋째, 앞서 지적한 것처럼 『지식의 고고학』은 푸코 자신의 강력한 거부와는 관계없이 (가령 저작의 가장 중요한 두 개념이라 할 **언표**言表, énoncé와 담론談論, discours의 관념이 잘 보여 주는 것처럼) 여전히 언어학적·기호학적·구조주의적 영향력이 짙게 드러나는 책이다. 그러나 『지식의 고고학』은 여전히 '언어학' 용어들을 사용하면서도 내용이나 기능의 측면에서 '언어학'의 영향력을 벗어나 전혀 새로운 방법론을 창출하고자 하는 푸코의 지적 모색이 담긴 작품이다.

넷째, 이러한 지적·방법론적 모색의 결과로 푸코가 제시하는 것은 **분산**分散 **작용**dispersion의 관점에 입각한 '언표'에 대한 새로운 해석, 곧 힘-관계relations de forces의 논리에 입각한 니체주의적 해석이다(그러나 실제로 푸코는 1969년 당시 『지식의 고고학』에서 아직 이러한 용어를 사용하지 않는다). 이제 **담론**은 '동일한 계열에 속하는 언표들의 집합'으로 새롭게 정의되고, 이렇게 이해된 담론은 무엇보다 일정한 '효과效果, effet'를 발생시키는 일련의 언표들이 된다.

다섯째, 이러한 미시적·일상적 담론 및 제도에 대한 분석은 당시 프랑스 역사학의 가장 중요한 혁신이라 할 **아날학파**Les annales의 미시사적micro-histoire 관점과도 일정한 지적 연관성을 보인다. (『지식의 고고학』이 동시대의 아날학파로부터 열

럴한 환호를 받았다는 사실은 차치하더라도) 저작에 드러난 다양한 개념이 이후 푸코의 주된 분석 대상으로 등장하는 '세부의 정치학에 입각한 신체의 미시물리학'의 경우처럼 아날학파의 그것과 일정한 유사성을 보여 준다.

여섯째, 『지식의 고고학』이 제시한 담론의 정의는 담론을 일종의 조작자操作者, opérateur로 간주한다. 이는 다시 니체주의적 힘-관계의 관점에서 주어진 특정 시점, 특정 사회의 **조작적 코드 일반의 작동 메커니즘**을 이해하는 문제로 전이된다. 이러한 담론의 작동 메커니즘을 이해하기 위한 노력이 1971년의 『담론의 질서』이며 그러한 관점이 '권력-지식'의 관념 아래 궁극적으로 정립된 저서가 1975년에 출간된 『감시와 처벌-감옥의 역사』이다.

이제 아래에서 이러한 간략한 이해를 바탕으로 보다 세밀히 『지식의 고고학』의 다양한 특성을 살펴보자.

2장
『지식의 고고학』
—『말과 사물』을 '잇는잊는' 책

　1969년에 출간된 『지식의 고고학』을 이해하는 열쇠는 그
것이 1966년 출간된 『말과 사물』의 방법론적 정립, 이론적
보충인 동시에 그 난점을 제거하기 위한 모색이라는 점에
담겨 있다. 이러한 의미에서 『지식의 고고학』은 『말과 사
물』의 문제의식을 '잇는' 책이자 『말과 사물』을 '잊는' 책이
다. 『지식의 고고학』은 『말과 사물』의 '구조주의적' 문제의
식을 검토·세련화하는 동시에 근본적으로는 '구조주의적'
문제의식과 단절하고자 하는 책이다. 따라서 『지식의 고고
학』의 기본적인 요점을 이해하기 위해서는 반드시 『말과
사물』의 내적 구조와 동시대적 의미에 대한 최소한의 정확

한 이해가 선행되어야 한다. 『말과 사물』은 20세기 사상사에서도 손꼽히는 난해한 책 중 하나이지만, 아래에서 『말과 사물』에 대한 지극히 개략적인 이해를 시도해 본다.

1. 『말과 사물』이 출간된 1966년

『말과 사물』은 1966년에 발간했지만 초고의 완성은 대략 1963-1964년경의 일로 알려져 있다. 이 시기를 전후한 동시대 프랑스와 유럽의 일반적인 지적 기상도를 그려 본다면 대략 다음의 몇 가지 사실을 생각해 볼 수 있을 것이다.

우선 오늘날의 시점에서 회고적으로 조망해 본다면, 이 시기는 20세기 초중반을 휩쓸던 헤겔·마르크스주의적 사유가 적어도 지적인 영역에서는 자신의 왕좌를 내려놓게 되는 시기 혹은 그러한 경향이 시작되는 시기로 읽힌다. 사르트르 같은 실존주의 지식인은 1950년대 초중반 이래로 점차 급진화되어 공산주의에 경도되지만, 소극적으로 보아도 1950년대는 이전부터 '우파'의 길을 걸었던 레몽 아롱과 그 뒤를 잇는 알베르 카뮈는 물론 모리스 메를로퐁티조차도 '탈脫좌파화'되는 경향을 보이는 시기이다. 물론 이는 강제수용소 굴라그의 존재 등 당시 스탈린적 소비에트연방의 여러 가지 문제점과 뒤이은 흐루쇼프의 스탈린 격하운동에서 기인한 것이기도 하지만, 사상적으로는 20세기 초중반을 지배해 왔던 헤겔·마르크스주의적 사유, 현상학, 실존주의의 시대적인 적실성이 일정 부분 상실되었다는 사실에서도 이유를 찾을 수 있다.

다음으로, 이러한 기존 사유의 지적 헤게모니 상실을 촉진하고 대체한 대표적인 사상이 바로 구조주의이다. '구조주의'의 정립에 결정적인 사건으로는 이른바 1916년에 소쉬르의 제자들이 『일반언어학강의』를 발간한 것을 들 수 있다. 한편 보다 넓은 의미에서 구조주의 혹은 광의의 '형식주의적' 사유는 20세기 초반 이래로 이미 러시아, 체코슬로바키아 등 당시 소비에트 연방에 속하는 국가에서 지배적 이데올로기로 군림하던 마르크스·레닌주의에 일정한 균열을 내며 스스로를 정립한 사유였다.

한편 이러한 지적 사조의 변화 와중에 구조주의의 핵심적 인물로 등장하는 것이 클로드 레비스트로스이다. 그는

『슬픈 열대』(1955), 『구조주의 인류학』(1958), 『야생적 사고』 (1962) 그리고 『신화학』(1962-1974) 1~4권 등의 출간을 통해 프랑스 구조주의의 초석을 놓았다. 물론 이후에 등장하는 사상가들이 오직 레비스트로스의 영향으로 오늘날 이른바 '포스트 구조주의'로 불리는 사유에 기울어지게 되었다는 말은 아니지만, 레비스트로스가 동시대 청년 지식인들에게 막강한 영향력을 끼친 것만은 부정할 수 없는 사실이다.

마지막으로 푸코를 비롯한 일군의 사상가들에게 강력한 영향을 미친 조르주 캉길렘과 조르주 뒤메질, 조르주 바타유와 모리스 블랑쇼, 자크 라캉과 루이 알튀세르 등 다양한 사상가 집단이 있다. 이들 중 일정한 '구조주의적' 경향을 보였던 캉길렘, 뒤메질, 라캉, 알튀세르를 과학사가, 언어학자, 정신분석가, 마르크스주의 이론가로, 바타유와 블랑쇼를 위반과 바깥으로 대변되는 전위와 전복의 문학가로 규정할 때, 우리는 이들 모두가 어떠한 방식으로든 전통적 '주체'의 관념을 문제 삼고 있음을 알 수 있다.

잘 알려진 것처럼 『말과 사물』이 출간된 1966년은 프랑스 지성계에 '구조주의의 도래'를 알린 한 해로 기억된다.

이 해에 클로드 레비스트로스의 『신화학 2-꿈에서 재까지』, 자크 라캉의 『에크리』, 에밀 벤베니스트의 『일반언어학의 여러 문제 1』, 제라르 주네트의 『문채文彩 1』, 알기르다스 줄리앙 그레마스의 『구조의미론』, 세르주 두브롭스키의 『왜 신비평인가』, 츠베탕 토도로프의 『문학의 이론-러시아 형식주의』 그리고 롤랑 바르트의 『비평과 진실』이 출간되었던 것이다. 푸코는 이러한 시대 상황 속에서 지식인 대중에 의해, 자신이 원하든 원하지 않든 '구조주의'의 중요한 대변자 중 하나로 인식되었다. 물론 푸코는 초기의 얼마 동안은 이러한 평판에 크게 신경을 쓰지 않는 듯 보였지만, 곧 자신의 입장을 분명히 하여 자신이 결코 '구조주의자'가 아니라고 강변한 바 있다. 그럼에도 불구하고 오늘날까지도 많은 연구자들은 이 시기의 푸코를 '광의의 (포스트) 구조주의자'로 간주한다.

2. 구조주의란 무엇인가? — 이항대립의 체계

푸코는 구조주의자structuraliste였던 것일까? 이에 대한 답변은 1960년대 푸코 사유에 대한 성격규정 그리고 (포스트) 구조주의의 정의에 따라 달라질 것이며, 그 자체로 독립적인 한 권의 저작으로 다루어야 할 만큼 복잡한 논의가 필요하다. 따라서 『말과 사물』 및 『지식의 고고학』, 나아가 1960년대 푸코의 사유 전반에 대한 이해가 선행되지 않는다면 이러한 질문에 대한 대답을 할 수 없다(『말과 사물』과 구조주의의 관계에 대한 더 자세한 논의는 '세창명저산책' 시리즈로 예정된 『《말과 사물》 읽기』를 참조하라).

우선 구조주의란 무엇인가? 물론 구조주의란 구조構造, structure를 중심으로 바라보는 사유, 하나의 방법론이다. 일명 '구조주의의 아버지'라 일컬어지는 소쉬르가 더 자주 사용한 말은 체계體系, système였지만 이후로는 구조라는 말이 더 널리 쓰이게 되었다. 구조주의의 주장이 실은 바로 그러한 것처럼, 하나의 주장이 어떤 것인지를 이해하고자 할 경우에 때로는 그 주장 자체보다 그 주장이 자신의 대립물로 무엇을 가지고 있는가를 알면 원래의 그것이 좀 더 잘 이해되는 경우가 있다. 구조주의의 상대어 중 하나는 본질주의 essentialisme이다. 본질주의는 어떤 사물의 참된 성질, 곧 본질이 원래 그 자체로 있다는 주장이다. 가령 우리가 다음과 같이 말하는 경우가 그러하다. "그 사람은 원래 천재야." 쉽게 말해 이는 그 사람이 자신의 노력과 환경 등 여러 가지 내적·외적 상황 때문에 천재가 된 것이 아니라 원래 천재였다는 말이다. 곧 이 경우 그의 본질은 천재이다. 그는 천재이므로 이전에도 천재였고 오늘도 천재이며 앞으로도 천재일 것이다. 그러나 구조주의는 이 사람이 원래 천재인 것이 아니라 천재가 아닌 다른 사람들과의 '대조·대비', 곧 **차이** 때문에 우리에게 천재로 인식되는 것이라고 말한다. 천재인 이 사람은 천재가 아닌 사람들(가령 둔재, 바보, 평범한 사람)과 함께 있을 때 천재로 인식된다. 만약 이 세상에 존재하는 모든 인간이 단 한 명의 예외 없이 모두 천재라면 '천재'라는 말은 무의미할 것이다. 구조주의는 이처럼 한 대상(이 경우는 천재라 불리는 한 사람)의 특성이 시공을 초월하여 원래 이러저러하게 존재하는 것이 아니라, 거꾸로 다른 것과의 차이에 의해서만 **동시적·상관적으로** 발생한다(구조발생론)고 보는 점에서 본질주의와 다르다.

푸코에 대한 간명한 입문서 『미셸 푸코—고고학적 철학

자』를 쓴 앙드레 기고의 책에는 이처럼 본질 혹은 동일성 identité(정체성)이 아니라 **대립**opposition과 **차이**différence에 근거해 사물을 바라보는 구조주의적 사유를 잘 표현한 고전적 설명이 하나 실려 있다. "하나의 구조란 무엇인가? 카드놀이의 예. 한 장의 트럼프 카드가 갖는 가치는 카드의 물질성 자체에서 오는 것이 아니다. '여왕' 혹은 '하트'에 대한 설명을 통해 '하트의 여왕'이 무엇인가를 이해할 수는 없다. 이러한 상징들이 갖는 의미는 각각의 카드를 다른 카드들에 대립시키는 특성들의 집합이다. 따라서 부분에 의미를 부여하는 것은 전체이며, 부분은 오직 자신들 사이의 대립에 의해서만 의미를 갖게 된다. 이 경우 중요한 것은 차이와 대립 관계relations d'opposition et de différence이다. 마치 카드놀이처럼 언어 역시 차이들에 의한 하나의 체계, 구조이다."

이처럼 구조주의는 **이항대립**二項對立, opposition binaire의 체계로 이해된다. 이 체계에서 가치와 의미는 개별자들이 원래부터 갖고 있는 어떤 '본질'이 아니며 오히려 그 차이와의 대립 작용 자체로부터 파생되는 것이다. 차이에 의해서만 의미가 생겨난다. 가령 부모님과 세 딸로 이루어진 집안에서 셋째로 태어난 여성은 (개인들 사이의 생물학적 차이를 제외한다 하더라도) 첫째 혹은 둘째 언니들과는 다른 '특성'을 보일 것이다. 셋째 딸은 다른 역할 행동을 기대받게 될 것이고 따라서 실제로 다른 '성격'을 갖게 될 것이다. 이는 물론 부모의 수준에서도 마찬가지이다. 이 집안의 어머니 혹은 아버지가 다른 사람과 만나 결혼을 했다면 이 딸들은 태어나지 않았을 것이며, 우리는 존재하지 않는 딸들의 성격에 대해 말할 수조차 없을 것이다. 같은 이유로 이 어머니 혹은 아버지가 다른 상대를 만나 결혼을 하고 자녀를 낳았다면, 이 경우 '자녀들'은 물론 앞서 우리가 말했던 바로 그 어머니와 아버지가 낳은 부모의 자녀들과 전혀 다른 자녀들이 되었을 것이다. 마찬가지로 실은 생물학적 차원에서도 개인의 생물학적 디엔에이DNA, 곧 염기서열 '구조'가 개인의 특성을 규정한다. 개인의 특성은 그가 갖는 본질이 아니라 '구조의 전체 배열이 만들어 내는' 하나의 **효과·결과**effet이다. 다른 구조, 다른 체계, 다른 배열은 다른 의미, 다른 특성, 다른 개체를 만들어 낸다. 각 개인, 곧 주체는 그가 속하고 있으며 그를 만들어 낸 구조가 발생시킨 효과이자 결

과이다. 한마디로 주체는 구조의 효과이다! 이처럼 구조주
의에 의하면 차이들의 체계 혹은 구조가 개별자의 특성을
발생시킨다.

3. 『말과 사물』의 일반적 특성 ─ 인식론적 장, 에피스테메

1) 말과 사물, 사물의 질서

푸코가 『말과 사물』에 원래 붙이고 싶어 했던 제목은 '사
물의 질서'였다. 그러나 출판 과정에서 제목으로 최종 선택
된 것은 '말과 사물'이었다. '사물의 질서'와 '말과 사물'. 『말
과 사물─인간과학에 대한 하나의 고고학』이라는 제목과
부제를 가진 이 저작에 대한 이해는 이 단어들 사이의 연결
고리를 이해하는 일이다. 단적으로 우리가 생각하는 '사물
의 질서'는 사물 자체의 질서가 아니라 그 사물을 인식하는
인간 관념의 질서이다. 즉 사물의 질서는 자연적 혹은 필연
적 질서가 아니라 늘 변화하고 있는 하나의 사회적 약속 혹
은 보다 정확하게 한 사회의 문화인류학적 기호들 혹은 코
드들의 체계이다. 『말과 사물』은 이처럼 대상을 의미하는

'사물'의 질서와 그것을 지칭하는 '말'의 질서 사이의 관계를 탐구하는 책이다. 이는 각각의 시대가 바라본 말과 사물의 '본성'에 대한 탐구이자 말과 사물의 관계에 대한 탐구이고 말이 사물의 질서를 세우는 방식에 대한 탐구이다.

2) 지도와 달력

"나는 지도도 달력도 없는 것에 대해서는 탐구하지 않는다." 이는 1970년대 푸코의 한 대담에서 등장하는 말이다. 나는 이 명제가 푸코의 사유를 잘 요약해서 보여 주는 좋은 예라고 생각한다. 니체와 소쉬르 이후의 사상가인 푸코는 2000년 이상 서양에서 주도적 지위를 누렸던 플라톤적 진리관, 곧 '시대와 공간을 초월한 보편적 진리'라는 관념에 정면으로 반대한다. 모든 진리는 특정한 시공 내에서 구성된 것이다. 모든 것을 시간과 역사 속에 집어넣는 **구성주의**constructivisme를 지지하는 푸코가 우리에게 물을 것이다. **어떻게** 당신은 기원전 4세기에 고대 그리스의 플라톤이라는 사람이 주장한 하나의 특수한 진리관을 역사와 문화를 초월한 인간, 아니 세계 자체의 영원불변하는 진리라고 믿게 되었는가? 한마디로 푸코는 이른바 '진리'의 보편성 관념을 부정한다. 오히려 푸코는 시공을 초월한 '보편성 universalité'이라는 관념이 시간과 공간, 곧 역사의 특정 시점과 지리상의 특정 문화에서 어떻게 형성되었는가를 탐구한다. (덧붙이자면 니체를 받아들인 1970년대 이후의 푸코는 이를 '권력-지식pouvoir-savoir'의 관념 아래 체계화하는데, 이에 따르면 철학사는 '진리의 정치적 역사histoire politique de la vérité'에 다름 아니다. 철학과 진리의 관념, 보편성과 필연성의 관념은 모두 정치적이다. 하지만 1966년의 저작 『말과 사물』에서는 아직 이러한 주장을 명시적으로 드러내지는 않는다).

『말과 사물』은 주어진 시대와 사회에 나타난 말과 사물의 특수한 관계를 역사적, 곧 고고학적으로 분석한다. 따라서 1961년의 첫 번째 저작 『광기의 역사』로부터 1984년의 마지막 저작 『자기 배려』에 이르기까지 푸코의 연구에서 일관되게 중요한 점은 **시대 구분**périodisation이다. 물론 공간 구분도 마찬가지로 중요하나 이는 푸코의 실제 저작에서 부차적 중요성만을 가진다. 왜냐하면 '지도도 달력도 없는 것에 대해 말하지 않는' 푸코는 자신의 연구 대상 지역을 '자신이 연구할 수 있는 **역량**을 가진 사회들 혹은 문화들', 곧 **(서)유럽사회**로 엄격히 한정하고 있기 때문이다(푸코는 사회 société와 문화culture라는 용어를 별 구분 없이 혼용하여 사용하나, 대개 사회라는 용어를 사용하는 경향이 있다). 푸코는 자신의 연구 대상 지역을 서유럽으로, 대상 시기를 16세기 이래 현대까지로 한정한다. 이처럼 1966년 발간된 『말과 사물』은 '서구만을 다루며 서구만을 다룬다고 말하는' 선구적인 서양 저작 중 하나이다.

이는 서구 사유 역사에서 대단한 성숙이라 하지 않을 수 없다. 왜냐하면 『말과 사물』이 발간된 1966년은 말할 것도 없고 오늘날조차 '오직 서구 혹은 서양적 현상만을 서구·서양적 개념과 방법론을 통해 분석하면서도 인류 전체에 대해 말하는 것처럼' 기술된 책들이 태반이기 때문이다. 아무리 관용적으로 보아도 20세기 이전의 거의 모든 서양 사상가는 19세기 중반 아편전쟁에 패하기 이전까지의 중화 사상가들과 같다. 그들은 모두 자기 문화의 지역적인 개념과 논리를 통해 자기 문화의 지역적 현상만을 다루면서 인류 전체, 인류 자체에 대해 말하고 있다고 생각한다. 이른바 '서양 달력西曆'으로 21세기라는 오늘날의 서양 사상가 중이러한 현상에서 예외가 얼마나 될까? 이러한 논의를 체계적으로 확립한 에드워드 사이드의 『오리엔탈리즘』이 발간된 것은 이후 1978년의 일이며, 이 책의 저자 서문에는 이런 말이 기술되어 있다. 이 부분은 약간 길지만 지금 우리가 목표로 삼는 『지식의 고고학』의 이해에 직결되는 하나의 간명한 사례 분석을 포함하므로 전체가 인용될 충분한 가치가 있다.

"오리엔탈리즘을 논의하고 분석할 때 대충 그 출발점을 18세기 말로 잡는다면, 오리엔탈리즘은 오리엔트를 다루기 위한 —오리엔트에 관하여 서술하거나, 오리엔트에 관한 견해에 권위를 부여하거나, 오리엔트를 묘사하거나, 가르치거나 또는 그곳에 식민지를 세우거나 통치하기 위한— 동업조합적인 제도로 볼 수 있다. 요컨대 오리엔탈리즘이란 오리엔트를 지배하고 재구성하며 억압하기 위한 서양의 방식이다. 여기서 나는 미셸 푸코가 『지식의 고고학』과 『감시와 처벌』에서 설명한 담론이라는 개념을 원용하는 것이 오리엔탈리즘의 본질을 밝히는 데 유용하다고 생각한다. 곧 오리엔탈리즘을 하나의 담론으로 검토하지 않는 한, 계몽주의 시대 이후의 유럽문화가 오리엔트를 정치적·사회적·군사적·이데올로기적·과학적·상상적으로 관리하거나 심지어는 오리엔트를 생산하기도 한 거대한 조직적 규율이라는 점을 이해할 수 없다고 나는 주장한다. 나아가 오리엔탈리즘이 그 정도로까지 권위 있는 지위를 확보한 결과, 오리엔트에 관하여 쓰거나 생각하거나 행동하는 경우, 오리엔탈리즘에 의해 사고와 행동에 가해진 제한을 받지 않을 수 없다고 나는 믿는다. 요컨대 오리엔탈리즘 때문에 오리엔트는 자유로운 사고와 행동의 대상이 아니게 되었고 지금도 여전히 아니다. 그렇다고 하여 오리엔탈리즘이 오리엔트에 대해 이야기할 수 있는 것을 일방적으로 결정했다고 말하려는 것은 아니다. 도리어 오리엔탈리즘이란, '오리엔트'라는 독특한 존재가 문제가 되는 경우, 언제나 불가피하게 거기에 조준이 맞추어진 —따라서 언제나 그것에 포함되어 있는— 관심의 총체망이다. 그것이 어떻게 하여 생겼는가를 이 책에서 분명히 밝히고자 한다. 또한, 이 책은 유럽문화가 일종의 대리물이자 은폐된 자신이기도 한 오리엔트로부터 스스로를 소외시킴으로써 자신의 힘과 정체성을 얻었다는 점도 분명히 밝히고자 한다."(에드워드 사이드, 『오리엔탈리즘』, 교보문고, 2013, 17~19. 번역어 '동양'을 '오리엔트'로 수정했다.)

『오리엔탈리즘』은 『말과 사물』 그리고 『지식의 고고학』과 『감시와 처벌』에 나타난 지식 고고학, 권력 계보학, 권력-지식의 방법론을 현실 세계에 적용한 분석 중 가장 유명한 사례이자 탁월한 모범적 사례이다.

3) '인식 가능조건'으로서의 에피스테메

앞서 말한 것처럼 『말과 사물』은 16세기 이후 오늘까지의 서구를 자신의 분석 대상으로 명확히 한정한다. 따라서 ─자신의 연구 지역을 (서)유럽으로 한정하고 있는─ 『말과 사물』에서 실제로 행해지는 분석은 시간의 흐름을 따라 이루어진 지식, 지식의 변화 양상을 추적하는 일이 된다. 우선 염두에 두어야 할 점은 이때 푸코가 추적하는 것이 어떤 구체적 지식 혹은 특수한 지식의 변화가 아닌 개별적 지식을 가능케 하는 **근본적인 지식의 배치, 인식틀 자체의 변화**라는 점이다. 푸코는 칸트의 선례에 따라 이러한 인식틀 자체를 '주어진 한 시대, 공간에서의 모든 지식을 가능케 하는' 인식 가능조건, **인식론적 장**champ épistémologique 혹은 단순히 **에피스테메**épistémè라 부른다(이런 면에서 에피스테메는 칸트 인식 가능조건의 '구조주의' 버전, 더 정확히는 '푸코' 버전이다). 에피스테메는 '주어진 하나의 역사적 시대에 상응하는 담론의 다양한 유형들을 연결해 주는 관계들의 집합'이다. 푸코에 따르면 하나의 시대는 '오직 하나의 에피스테메'만을 갖는다. 16세기로부터 17세기 중반까지 지속되는 르네상스 시대는 **유사성**ressemblance, 17세기 중반으로부터 18세기 중후반까지 지속되는 고전주의는 **재현 작용**représentation, 18세기 말부터 푸코가 『말과 사물』을 발표한 1966년까지 아마도 여전히 지속되고 있는 것으로 가정된 근대는 **역사**histoire 혹은 **인간**homme을 각기 자신의 에피스테메로 가진다. 이러한 논의에 따르면 이른바 '동시대', 곧 '현대'는 여전히 '근대'에 속하게 되고 따라서 푸코의 연구 역시 당시까지도 지속되고 있는 것으로 가정된 근대의 시기에 집중된다. 다만 여기서 주의할 것은 푸코가 근대를 연구하는 것은 근대를 유지하기 위해서가 아니라 이미 유효 기간이 지난 근대를 파괴하고 '근대 이후'의 시기를 앞당기기 위해서라는 점이다. 이제는 너무도 유명해져 버린 『말과 사물』의 마지막 말은 바로 이러한 점을 지적하고 있다. 18세기 말에 탄생한 근대의 에피스테메인 '인간'은 그것을 가능케 했던 근대의 배치가 어떤 사건에 의해 뒤흔들리게 된다면 "바닷가 모래사장에 그려 놓은 얼굴처럼 사라지리라고 장담할 수 있다."

4) 역사적 아프리오리

이처럼 유사성, 재현 작용, 역사 혹은 인간은 각 시대의 에피스테메들로서 지식의 근본적 배치가 변화한 결과로 탄생되었다. 에피스테메는 특정한 시대의 모든 구체적 지식을 가능하게 만들어 주는 인식 가능조건이자 인식틀 자체이다. 여기서 기억해야 할 점은 에피스테메가 결코 시공을 초월한 어떤 보편적 선험성이 아니라 '역사적으로 구성된' 아프리오리, 곧 **역사적 아프리오리**a priori historique라는 점이다. 얼핏 이러한 명칭은 실로 모순이다. 왜냐하면 역사적이란 곧 경험적인 것이며 아프리오리라는 말은 경험 이전을 뜻하는 말이기 때문이다. 역사적 아프리오리란 '역사적 역사 이전' 혹은 '경험적 경험 이전'이라는 말로 실로 형용모순 어법이라 아니 할 수 없다. 이를 이해하기 위해서는 다음과 같은 점을 이해해야 한다. 역사적 아프리오리라는 말은 '한 시대의 모든 구체적 지식을 가능케 해 주는 모체', 곧 **아프리오리 자체가 역사적으로 구성되었다**는 말이다. 따라서 이미 역사적으로 구성된 역사적 아프리오리가 이제 새로운 지식을 역사적으로 구성한다. 가령 사람이 책을 만들고, 또 그 책이 사람을 만들고, 또 그렇게 만들어진 사람이 책을 만들고 …. 이러한 과정은 무한히 되풀이된다.

우리를 구성하고 조건 짓는 인식의 틀이 선험적인 것이 아닌 역사적이라는 사실에 대해서는 실로 무한한 예를 들 수 있다. 가령 언어의 경우를 생각해 볼 수 있다. 우리가 사용하는 언어, 현대 한국어는 하늘에서 완성된 형태로 떨어졌거나 원래부터 늘 이 상태였고, 지금도 이 상태이며, 앞으로도 이 상태로 남게 될 어떤 고정불변의 실체가 아니라 주어진 특정 시공간에서 다양한 변수와 요소들의 중층적 결합에 의해 구성된 역사적 복합체이다. 마찬가지로 우리의 인식을 지배하는 '레드 콤플렉스'(빨갱이 공포증)는 원래부터 늘 그렇게 있었고 있게 될, 혹은 있어야 할 불변의 선험성 자체가 아니라, 특정 시점의 문화에서 특정한 사람들에 의해 특정한 방식으로 구성된 역사적 선험성이다. 가령 한국 현대사의 레드 콤플렉스는 그것을 가능케 했던 지식의 근본적인 배치가 뒤흔들린다면 "바닷가 모래사장에 그려 놓은 얼굴처럼 사라지리라고 장담할 수 있다."

5) 지식의 고고학

푸코가 '기호에 대한 책' 혹은 '질서에 대한 책'이라 불렀던 『말과 사물』에는 '지식의 고고학archéologie du savoir'이란 용어가 단 한 번 등장한다('지식의 고고학이라는 관점에서 볼 때', 『말과 사물』, 7. 재현의 한계, 1. 역사의 시대, 308). 또한 책의 서문에는 다음과 같은 각주가 등장한다. "이러한 '고고학'이 제기하는 방법론상의 여러 문제는 다음 책에서 검토될 것이다." 여기서 푸코가 말하는 '다음 책'이 바로 『지식의 고고학』이다. 즉 『말과 사물』의 방법론이 **지식의 고고학**이라고 할 수 있다. '주어진 시간과 공간에 대해 어디까지나 내재적인' 지식의 관념을 유지하는 『말과 사물』은 시공을 초월하는 보편적 지식 그 자체가 아닌 특정한 지역·시대·지식의 구성을 가능케 해 주는 에피스테메 혹은 **지식의 가능조건**을 문제 삼을 수밖에 없다. 이렇게 역사적으로 구성된 에피스테메를 탐구하기 위한 방법론이 지식의 고고학이다.

지식의 고고학이란 무엇인가? 앞서 인용한 『말과 사물』의 서문은 '고고학'을 다음처럼 정의한다. "우리가 명백히 드러내고자 하는 것은 … 인식을 위한 가능조건의 역사가 드러나는 **에피스테메**인데, 이 이야기에서 반드시 나타나게 마련인 것은 지식의 공간에서 경험적 인식의 다양한 형태를 야기한 지형이다. 우리의 시도는 (따라서) 전통적 의미의 역사라기보다는 오히려 '고고학'이다." 결국 지식의 고고학이란, 마치 유물의 고고학이 그러한 것처럼, 지식의 다양한 지층, 곧 **인식론적 지층**地層을 탐사하는 학문이다. 구체적으로 지식의 지층에 대한 탐구는 개별 지식이 구성된 모체로서 지식의 가능조건, 곧 에피스테메에 대한 탐구가 된다. 어떤 경우에도 자신이 탄생한 시공을 떠나지 않는 에피스테메는 탄생일과 탄생 장소를 가진다. 그에 따르는 당연한 결과로 고고학은 단순히 결정화되어 죽어 버린 과거에 대한 '회고적' 탐구에 머물지 않는다. 우리가 에피스테메에 대한 지식의 고고학적 이해를 추구하는 이유는 과거를 잘 이해하기 위해서이다. 또한 과거에 의해 여전히 지배받고 있는 **현재**를 이해함으로써 이제까지와는 다른 방식으로 새롭게 미래를 구성하기 위해서이다. 지식의 고고학은 각각의 동시대적 단면도를 통해 오늘의 우리를 만든 다양한 역사적 층위를 바라봄으로써 현재 우리가 자연적인 것, 당연한 것으로 생각하는 것을 (곧 **우리 자신을 문제화하기** problématiser nous-mêmes 위한 작업) 오늘의 우리 자신과 달리 생각하고 또 그렇게 살기 위한 작업이다.(말년의 푸코는 전 생애에 걸친 자신의 작업이 이러한 문제화, 곧 '우리 자신의 역사적·비판적 존재론'을 위한 것이었다고 말했다.) 고고학적 탐구 과정에서 인식 주체, 인식 대상, 인식 그 자체는 동떨어진 세 개의 독립적 실체들이 아니라 서로에 의해 동시적·상관적으로 구성된 세쌍둥이들임이 드러난다. 『말과 사물』의 서문은 이를 다음처럼 표현한다. "고고학은 지식의 일반적 공간, 지

식의 전체적 지형, 그리고 지식의 공간에 나타나는 사물의
존재 양태를 겨냥하는 만큼, 새로운 실증성의 문턱을 명확
히 하는 데 요구되는 충분한 변동의 계열뿐만 아니라 동시
성의 체계들도 규명하는 것이다." 따라서 고고학적 탐구는
인식 대상에 대한 탐구로서 **대상**을 변화시키는 동시에, 그
대상에 대한 **인식**을 변화시키며, 나아가 그러한 상호적 과
정 안에서 구성된 인식 **주체**, 곧 나 자신을 변화시킨다. 이
는 세 실체들로 구성된 전통적 '주체-인식-대상'의 도식을
동시적으로 상호작용하는 **주체화-인식론화-대상화**의 틀로
변형시킨다.

4. 『말과 사물』의 구조

『말과 사물』은 이러한 관점과 방법론에 따라 16세기 이
래 서구 에피스테메의 변형transformation(변환)을 다루는 책이
다. 다음은 『말과 사물』의 주요 목차이다.

앞서 말한 대로 『말과 사물』은 언어·생명·노동의 세 영역에서 이루어진 서구 16세기 이래의 에피스테메 변화를 추적한다. 앞의 목차 중 본문 부분을 이러한 시대 구분 및 세부 영역에 맞추어 각 장별로 설명해 보면 다음과 같다.

앞서 간단히 언급한 것처럼 『말과 사물』은 16세기 이래 서구 에피스테메의 변화를 추적한다. 푸코에 따르면 오늘의 '현대contemporain'는 여전히 '근대'의 자기장 안에 있다. 따라서 푸코의 연구는 '근대moderne'의 시기에 집중될 수밖에 없다. 무엇보다도 근대는 오늘의 우리를 만든 시기이자 오늘의 우리가 여전히 속해 있는 시기이다. 그러나 여기서 주의해야 할 점은 다음과 같다. 푸코에 따르면 오늘날 근대는 '사라져야 할 것'이 되었다. 결국 푸코가 근대의 탐구에 집중하는 이유는 '근대'를 찬양하기 위해서가 아니라 '근대 이후'(그것이 무엇인지 당장은 알 수 없지만)를 앞당기기 위해서이다. 푸코가 근대의 시기를 집중적으로 탐구하지만 그렇다고 해서 '근대주의자'인 것은 아니다. 이는 마치 마르크스가 자본주의의 연구에 집중했다고 해서 그를 '자본주의자'라고 부를 수 없는 것과 마찬가지이다. 마르크스가 자본주의의 탐구에 집중한 이유 역시, 푸코의 경우와 정확히 동일하게 '이제는 사라져야 할' 자본주의의 종언을 앞당기기 위해서였기 때문이다. 마르크스가 '자본주의 이후'를 꿈꾸는 사상가였던 것과 마찬가지로 푸코는 '근대 이후'를 꿈

꾸는 사상가이다.

5. 『말과 사물』의 난점

『말과 사물』은 발간 이후 엄청난 지적 반응을 일으켰다. 소르본 주변에서 '아침 빵처럼 팔려나간' 『말과 사물』은 이제까지 소수의 지적 전문가들로만 이루어진 영역을 넘어 일반인들에게 푸코를 알린 작품이었다. 마찬가지로 『말과 사물』은 그만큼의 소란, 또 그만큼의 난점을 불러일으켰다. 『지식의 고고학』의 집필 목적 중 하나가 『말과 사물』의 논의를 보완하고 다양한 난점을 해결하기 위한 것이었던 만큼 이 책에서 『말과 사물』에 대한 최소한의 이해는 필수적이다.

우선 이론적인 차원에서 『말과 사물』은 몇 가지 오해를 불러왔다. 그중 가장 유명한 것은 푸코의 에피스테메와 토머스 쿤의 패러다임paradigm 개념 사이의 유사성에 대한 것이었다. 1966년 『말과 사물』이 출간된 직후 조르주 슈타이너는 푸코가 『말과 사물』에서 '언급했어야만 했던' 저작, 곧

1962년 출간된 토마스 쿤의 『과학혁명의 구조』에 대해 언급하지 않은 것을 비난했다. 푸코는 이에 대해 자신이 쿤의 저작을 읽은 것은 『말과 사물』의 초고를 완성한 1963-1964년 사이 겨울의 일이므로 『과학혁명의 구조』를 인용할 수 없었다고 밝혔다.

다음으로 역시 이론적인 수준에서 푸코의 에피스테메 개념은 다음과 같이 이중의 오해를 불러일으켰다. 에피스테메는 '여러 요소가 빚어내는 엄격한 중층 결정 작용에 의해 작동하는 하나의 역사적 구속contrainte 체계' 또는 '일관적이며 폐쇄적인 하나의 단일 체계'로, 다른 한편으로는 '하나의 에피스테메에서 다른 하나의 에피스테메로의 이행이 필연적으로 함축할 수밖에 없는 불연속 및 인식론적 단절', 곧 '역사적 상대성'으로 이해되었다.

푸코는 이와 같은 두 가지 지적에 대하여 우선 한 시대의 에피스테메는 '인식의 총합 혹은 연구의 일반적 스타일'이 아닌 다양한 복수의 학문 담론이 빚어내는 관계, 차이, 대립, 거리, 틈새들이라고 대답했다. 다음으로 '변화changement'라는 일반적이고 추상적인 관념을 언제나 특수하고 구체적인 '변형'의 관념으로 대치했다. 에피스테메는 이제 '모든 것의 배후에서 작용하는 모종의 거대 이론'이 아니며 오히려 보다 엄격히 '특정 분산 작용의 공간, 열린 장'으로서 규정된다.

이에 더하여 에피스테메는 그 '구조주의적' 특성 때문에 공격받았다. 구조주의에서 '구조'는 행위 당사자들에게는 의식되지 않는 일종의 '무의식적 상수常數'처럼 이해된다. 그렇다면 연구자가 이해할 수 있는 것은 이미 지나가서 이제는 의식될 수 있는 과거의 에피스테메일 뿐, 결코 자신이 속한 동시대의 에피스테메일 수는 없다는 결론이 나온다. 그렇다면 에피스테메의 연구자인『말과 사물』의 푸코가 어떻게 '여전히 자신이 속해 있는' 동시대, 곧 근대의 에피스테메인 역사를 알 수 있는가? 이제 푸코의 에피스테메 이론은 근본적인 난점에 부딪치게 된다.

마지막으로 가장 격렬한 비판은 마르크스주의 진영에서 나왔다.『말과 사물』은 '노동'의 영역에서 근대를 연 사상가로 마르크스가 아닌 리카도를 제시하고 있으며 마르크스는 이 책에서 단지 '리카도가 깔아 놓은 근본적 인식틀 안에

서 사유한 인물', 더 나아가 '찻잔 속의 태풍'만을 불러일으
킨 인물로 제시되어 있다. 이는 다시 설령 에피스테메의 의
의를 십분 인정한다 해도 푸코의 에피스테메가 근본적으로
'이미 이루어진 것, 이미 일어난 과거의 변화'만을 설명할
뿐 **현재와 미래의 변화와 투쟁**에 대한 어떤 인식 혹은 동력도
제공하지 못하는 '무기력한 체제 수호적 관념론'이라는 마
르크스주의자들의 비판으로 이어진다. 물론 『말과 사물』은
에피스테메의 변화에 대한 수동적 묘사에만 집중하는 것이
아니며 나름의 방식으로 '앞으로 일어나야 할 (바람직한) 변
화'에 대한 필연적·당위적 전망을 제공하고 있다. 하지만
현실 변혁의 적절한 동력을 제공하지 못한다(나아가 그러한
동력을 파괴한다)는 마르크스주의의 비판이 전혀 무의미한 지
적은 아니었다.

6. 프랑스의 '68년'과 푸코

물론 푸코는 이러한 비판의 장단점을 잘 이해하고 있었
다. 푸코는 『말과 사물』이 출간된 직후부터 이미 『말과 사

물』의 '난점을 보완하는' 새로운 이론적 저작을 준비하고 있다고 말했다. 잘 알려진 것처럼 푸코는 1950년대 초반 고등사범학교 시절 스승이었던 알튀세르의 영향으로 공산당에 입당했다가 3년 후 탈당한다. 하지만 탈당 직후인 1954년에 발간된 푸코의 첫 번째 저작『정신병과 인격』은 여전히 당시에 지적 주도권을 행사하고 있던 마르크스주의, 현상학, 실존주의의 그림자를 품고 있었다. 이후 마르크스주의의 영향력은 곧 사라지지만, 현상학의 영향력은 1961년 발간된『광기의 역사』에서도 희미하나마 흔적이 남아 있었다(심지어 1966년의『말과 사물』에서조차 그러하다). 이러한 영향을 떨쳐 버리고 광의의 '구조주의적 선회'를 이룬 것이 1963년의『임상의학의 탄생』이며, 선회의 결정판이 바로 1966년의『말과 사물』이다. 이처럼『말과 사물』은 처음부터 동시대인들에 의해 당대의 지적·정치적 주도권에 반기를 든 작품, 새로운 시대, 곧 '구조주의의 시대'의 도래를 알리는 작품으로 이해되었다.

19세기 말, 20세기 초반 이래로 프랑스 지식인 대부분이 가톨릭과 마르크스주의라는 두 개의 축을 중심으로 자신의 정체성을 형성해 왔음을 생각해 볼 때, 푸코는 유년기의 **가톨릭** 교육과 문화를 거쳐, 20대에는 **마르크스주의**에 끌렸다가, 30대에 들어오면서 이른바 '구조주의'에 경도되었다고 말할 수 있다. 그리고 이러한 '구조주의에의 경도'는 푸코가 '전통적 우파인 가톨릭도, 좌파인 마르크스주의도 아닌' 새로운 사조를 모색하고 있었음을 의미한다. 푸코의 표현대로 이러한 경도는 '숨 막히는 지방 소도시(푸아티에)의 프티부르주아 가정'과 '지적 테러리즘에 다름 아니었던' 마르크스주의 모두에서 벗어나고자 하는 모색이었다. 이후 스스로 밝힌 대로 푸코는 프랑스의 일반적인 지적 지형도상 '(가톨릭, 우파 혹은 자유주의는 당연히 아니지만) 마르크스주의도 아닌' **비非마르크스주의 좌파 이론**을 모색하고 있었던 것이다. 공산당에서 활동하던 시기에 자신이 '니체적 공산주의자'였다고 말하는 푸코가 평범한 의미의 '전통적·정통적 구조주의자'가 될 수 없었던 것은 실상 당연한 일이라고 보아야 할 것이다.

요컨대 푸코의 『말과 사물』은 광의의 '구조주의적' 방법론을 원용하여 우파도 좌파도 아닌 새로운 사유의 가능성을 확립한 작품이었다. 동시에 『말과 사물』은 방금 우리가 살펴본 것처럼 '구조주의' 곧 언어학 및 기호학의 방법론이 품고 있는 다양한 문제점이 표출된 책이다. 실상 이러한 이론적·지적 수준에서 이루어지는 '전통적 방법론과의 결별'은 이른바 프랑스 '68세대' 사상가들의 공통된 특성 중 하나이다. '현실에서 일어난 68년의 변화가 없었다면 내가 생각하는 많은 것의 정당성을 확신하는 데 훨씬 더 오랜 시간이 걸렸을 것'이라는 푸코의 말처럼, 68년은 푸코의 사유에도 강력한 영향을 미쳤다. 하지만 우리가 아는 '지식인 투사' 푸코의 이미지는 1960년대가 아닌, 1970년대 이후에 표면화된다. 1960년대, 심지어 『말과 사물』이 출간된 1966년의 푸코조차도 일반적인 측면에서 보자면 오히려 '반反공산주의자' 진영에 가까운 인물이었다는 사실을 기억해야 한다. 물론 이때의 '반공주의'를 일본 제국주의 정부와 그 뒤를 잇는 미군정·자유당의 폭압적 통치를 거치며 기형적이고 뒤틀린 방식으로 형성된 대한민국의 반동적 '반공주의'로 이해해서는 안 된다. 그렇지만 푸코가 1950년대 초 프랑스공산당에서 탈당한 이후, 지적으로 마르크스주의와 상당한 거리를 두었다는 점은 틀림없는 사실이다. 한편 1950년 대 중후반 이후 푸코가 스웨덴, 당시의 서독, 폴란드로 옮겨 다니며 각국 주재 프랑스대사관의 문화 참사관, 문화원 장 등으로 재직함으로써 행정가 혹은 일종의 외교 공무원 으로 근무한 것 역시 사실이다. 하지만 그렇다고 해서 푸코 가 우파적 입장에서 어떤 정치적 활동을 했던 것은 아니다. 결국 1950년대 초중반 이후의 젊은 시절은 일정한 '탈정치' 의 시기라고 보는 것이 가장 실상에 가까운 묘사일 것이다.

이러한 푸코의 '탈정치적' 입장에 변화가 온 것은 1966년 『말과 사물』이 출간된 직후인 11월 말 튀니지 튀니스대학 교에 부임했을 때이다. 튀니스대학교는 당시 튀니지의 독재 정권에 대항하는 본거지 중 하나였다. 잘 알려진 것처럼 푸코는 (전단지 한 장을 뿌려도 구타당하고 구속되는 상황은 물론) 실제로 목숨이 위협받는 상황에서도 굴하지 않고 튀니지 학생들이 보여 준 용기에 깊이 감화된다. 『지식의 고고학』은 3년 계약으로 이루어진 바로 이 튀니지 체류 기간에 작성된 것이다. 그리고 튀니지 체류의 말미에 일어난 일이 프랑스 및 전 유럽에 걸친 이른바 1968년 '5월혁명'이다. 동

시대의 많은 사상가처럼 푸코 역시 68혁명에 깊이 감화된
다. 그러나 푸코가 68년의 영향을 받아 『지식의 고고학』을
쓴 것만은 아니다. 우선 『지식의 고고학』은 1969년에 발간
되지만 실제로 책이 완성된 것은 '68년 5월' 이전인 1967년
의 일로 알려져 있다. 더욱이 1968년 당시 푸코는 튀니지에
서 강의하고 있었기 때문에 파리의 '68혁명'에 직접 참여할
수 없었다.(푸코는 우연히 같은 시기에 열린 한 행사에 참석하기 위해
5월 27일 파리로 행하고, 소르본에서 열린 마지막 몇몇 집회에 참여한
후, 6월 초 다시 튀니지로 돌아온다.) 68혁명이 푸코의 사유에서
갖는 의미 혹은 푸코 스스로가 생각하는 의미는 다음과 같
이 푸코 자신의 '자부심에 찬' 말 속에 잘 스며들어 있다.
"내가 처음 몇 권의 책을 냈을 때 극소수의 몇몇 전문가들
을 제외한 대부분의 반응은 침묵이었습니다. 그러나 68년
은 개인의 정체성이 정치적인 문제라는 나의 확신을 확증
해 준 현실의 사건이었습니다. 내가 생각을 바꾼 것이 아니
라 현실이 내 생각을 향해 다가왔습니다." 이것이 『지식의
고고학』이 발간될 당시 푸코 사유의 지정학적 배경이다.
　이처럼 『지식의 고고학』은 결코 어떤 무시간적인 보편적

진리 혹은 절대적 방법론을 추구하지 않는다. 『지식의 고고학』은 1960년대 말의 프랑스, 넓게는 유럽이라는 시공간에서 탄생한 작품이며, 또 그러한 시대적·지리적 배경에서 이해되어야 한다. 이러한 특수성과 제한은 참다운 이해를 가로막는 '부정적négative 한계'가 아니라, 우리 사유와 이해의 **긍정적·실증적positive 가능조건**이다.

푸코는 들뢰즈의 『차이와 반복』을 '새로운 방식의 삶을 제안하는 윤리적·정치적 저작'이라 부른 적이 있다. 이러한 지적은 푸코의 모든 책, 특히 『지식의 고고학』에도 그대로 적용될 수 있다. 아울러 『지식의 고고학』에서 제기한 질문은 이렇게 정리할 수 있다. **어떻게 다르게 생각할 수 있는가? 어떻게 나는 다른 사람들 그리고 무엇보다도 지금까지의 나와 다르게 생각할 수 있는가?** 그리고 이런 다른 생각을 가능한 것으로 만들기 위해서 우리가 벗어나야만 할 기존의 사유 방식은 무엇인가? 나아가 이러한 '**다르게 생각하기**penser autrement, think differently'를 가능케 해 줄 새로운 사유 방식은 어떤 것인가?

3장
언표와 담론 ─『지식의 고고학』

이처럼『지식의 고고학』은 모든 면에서『말과 사물』이 표면 위로 드러낸 **문제의식**의 연장선에서 작성된 책이다. 아래에서는 당시 푸코와 유럽의 이런 특수한 지적·정치적 이해를 배경으로『지식의 고고학』의 각 장을 하나씩 차분히 살펴보기로 하자.

우선『지식의 고고학』의 전체 목차는 다음과 같다.

1장   서 론

2장   담론적 규칙성
      1) 담론의 단위들

『지식의 고고학』은 책의 맨 앞과 뒤에 '서론'과 '결론'이 배치되어 있으며(이러한 제목 자체는 원서에 없지만), 그 중간에 '본론' 격으로 세 개의 장이 들어 있는 구조로 기술되어 있다. 이런 삼단논법식 구성은 푸코의 책으로서는 매우 드문 경우로 우리는 이를 통해서도 푸코가 이 저서를 일종의 엄격한 이론서로 간주했음을 알 수 있다. '본론'을 구성하는 2~4장은 각기 담론적 규칙성, 언표와 문서고, 고고학적 기술이라는 제목을 갖고 있다. **2장 담론의 규칙성**은 모두 7절로 이루어졌는데, 이 중 서론격인 1절 '담론의 단위들' 및 말미의 7절 '요약과 논점 정리' 부분을 제외하면 수평적인 5개의 절로 이루어져 있다. 이 5개의 절은 모두 '~의 형성 formation'이라는 제목을 달고 있는데 각기 담론, 대상, 언표 작용 양태, 개념, 전략을 다룬다. **3장 언표와 문서고**는 1~3절에서 언표의 정의, 기능, 기술을, 4절에서 언표의 특성인 희소성, 외재성, 축적을 다룬 후, 마지막 5절에서 이를 역사적 아프리오리와 문서고의 개념 아래 정리한다. 본론의 마지막 부분을 이루는 **4장 고고학적 기술**은 1절에서 고고학과 관념사의 구분, 2절은 동일한 구분의 철학적 상이성을 드러내는 기초로서의 시원성과 규칙성, 3~4절은 모순과 비교 (가능한) 사실, 5절은 변화와 변형, 4장의 요약과 결론에 해당하는 6절은 과학과 지식의 차이점 및 특성에 대해 논한다. 아래에서는 우선 『지식의 고고학』을 여는 1장인 '서문'을 본격적으로 다루어 보자.

1. 서론 ─ '인간학'을 넘어 '지식의 고고학'으로

1) 아날학파

『지식의 고고학』의 서론은 **아날학파**가 역사학에 도입한 새로운 방법론에 대한 논의로부터 시작된다. 아날학파는 1920년대 말에 프랑스 스트라스부르대학교 등을 중심으로 형성된 학파이다. 보통 아날학파의 본격적인 시작은 1929년에 창간된 학술지 『사회경제사 연보*Annales d'histoire économique et sociale*』를 기점으로 삼는데, 학파의 명칭 '아날'은 연보年報를 의미하는 잡지의 제목 'Annales'로부터 온 것이다. 아날학파는 기존의 사실주의나 실증주의의 제반 방법론에 반대하여 정치보다 **사회**를, 개인보다 **집단**을, 연대보다 **구조**를 중시하는 새로운 방법론을 제시했다. 아날학파는 단적으로 **장기 지속**longue durée의 방법론에 따라 역사를 기술하려는 운동이라 할 수 있는데, 이는 기존의 정치 중심적인 역사기술의 한계를 극복하려는 관심에서 나온 것이다. 가령 한 나라의 정권 혹은 왕조상의 변화는 커다란 중요성이 있지만, 이러한 정치제도상의 변화는 그보다 더 '오랜' 지속 기간을 갖는 변화(언어, 풍속, 의복, 일상의 변화)에 비하면 상대적으로 '짧은' 것, 곧 단기간만 지속하는 것이다. 따라서 특정 지역, 특정 시대의 참모습을 기술하기 위해서는 짧은 기간만 지속하는 정치사 일변도의 역사기술을 지양하고, 이를 포괄하고 넘어서며 더 오래 지속되는 일상사, 문화사, 미시사의 관점에서 역사를 바라보아야 한다. 아날학파가 프랑스를 넘어 본격적으로 유럽은 물론 전 세계에 강력한 영향력을 미치게 되는 시기는 이른바 '2세대'라 불리는 F. 브로델과 그 뒤를 잇는 '3세대' 학자들인 G. 뒤비, E. 르 루아 라뒤리, J. 르 고프에 이르러서이다. 3세대는 기본적으로 앞선 세대의 장기 지속 개념을 받아들이면서도 이를 망탈리테心性, mentalité에 대한 연구로 확장했다. 이는 아날학파의 대표자 중 하나인 브로델의 『물질문명과 자본주의』 (1955-1979)가 보여 주었던 광범위하고도 다양한 정치 · 경제 · 사회 · 문화 현상에 대한 분석을 생각해 보면 쉽게 이해가 갈 것이다.

여기서 아날학파와 푸코의 관계를 생각해 보자. 우선 아날학파의 사유는 미시사, 계열사, 반反전체주의, 역사적 구성주의 등의 방법론적, 역사기술적historiographique 관념을 통해 푸코에게 커다란 영향을 끼쳤다. 그러나 한 가지 주의할 점은 이러한 영향 관계가 일방적이라기보다는 상호적이라는 사실이다. 푸코의 『지식의 고고학』은 기존 역사학은 물론 아날학파조차도 당시까지 일정 부분 유지해 오던 '전체사historie globale'의 관념을 **사건**事件, événement과 **분산**分散 **작용** dispersion의 개념을 통해 철저히 파괴한 작업으로 간주할 수 있다. 우리는 이런 관점에서 1969년에 발간된 푸코의 『지식의 고고학』이 동시대 아날학파의 방법론으로부터 큰 영향을 받은 것이면서도 이를 넘어 아날학파의 이론화 작업에 상당한 영향을 미친 작업이었다고 평가할 수 있다.

무엇보다도 『지식의 고고학』은 출간 직후부터 아날학파

에 의해 크게 환영받았다. 가령 르 루아 라뒤리는『지식의 고고학』의 서문을 '계열사에 대한 첫 번째 정의'라고 불렀다. 아날학파의 이론과 역사에 대한 탁월한 저작으로 정평이 난 프랑수아 도스의『조각난 역사』는 푸코가 '아날 3세대의 신조가 되어 버린 것, 즉 계열사에 대한 이론가'이자 '우리 시대의 가장 훌륭한 역사가 중 하나'가 되었다고 말한다. 도스에 따르면 푸코 이후 사건은 **계열**série에 의해 규정된다. "왜냐하면 사건들이 바로 계열의 한복판에 위치하기 때문이며 사건의 중요성도 계열 속에서 그 사건이 차지하고 있는 **위치**positions에 따라 결정되기 때문이다." 따라서 역사는 이제 총체사, 전체사가 아니며 남은 것은 오직 **국지사들**局地史, histoires locales뿐이다. 도스는 푸코의 작업이 미친 영향을 다음처럼 요약한다. "1970년대에 역사학은 푸코의 파편적이고 국지적이며 잠정적인 형태의 지식에 의해 파괴되었다."

2) 역사적 '문서'에서 고고학적 '기념비'로

『지식의 고고학』은 동시대 아날학파와의 상호작용에 의

해 탄생한 책이다. 이는 실상 푸코가 아날학파의 문제의식을 일정 부분 계승하면서도 자신만의 방식으로 이를 변형했다는 의미이다. 우선 푸코 자신은 아날학파가 역사학에 도입한 새로운 문제의식을 무엇이라 보고 있을까? 푸코에 따르면 아날학파는 **문서**의 개념에 의문을 제기하고 이를 **기념비**monument의 개념으로 대체했다. 달리 말해 아날학파는 전통적 의미의 **역사**를 **고고학**archéologie으로 대체했다.

잘 알려진 것처럼 이러한 이해에 이르는 푸코의 논의 과정은 실로 간단치 않은 고도의 지적 논의를 포함하고 있다. 『지식의 고고학』은 우리 앞에 대단히 복잡하고 난해한 개념과 얽히고설킨 논리의 지적 지형도를 펼쳐 보인다. 의심의 여지없이 『지식의 고고학』은 아마도 『말과 사물』과 함께 푸코의 가장 난해한 저작임이 틀림없다. 그러나 천 리 길도 한 걸음부터라고 하지 않는가. 학문의 왕도란 꾀부리거나 요행을 바라지 않는 차분하고도 꾸준한 독서와 학습에 놓여 있을 뿐이다. 아래에서는 이러한 태도를 유지하면서 『지식의 고고학』의 문장을 하나씩 차분히 따라 읽어 보도록 하자.

푸코는 먼저 아날학파가 등장하기 이전의 방법론이 관심을 가졌던 질문을 다음처럼 정리한다. "이질적인 사건들 사이에 어떤 연결을 확립할 수 있을까? 이런 이질적 사건들 사이에 어떻게 일정한 필연적 연속성을 확립할 수 있을까? 이런 사건들을 가로지르는 연속성은 무엇인가? 또는 이런 사건들이 형성하게 되는 전체적 의미 작용은 결국 무엇인가? 우리는 하나의 총체성을 정의할 수 있는가? 혹은 일정한 연쇄의 구축에 만족해야 할까?" 그러나 아날학파가 등장한 이후에 이러한 질문은 다음과 같이 전혀 다른 유형의 질문으로 대체된다. "각각 구분되는 어떤 지층들을 추출해야만 하는가? 어떤 유형의 계열들을 확립해야 하는가? 이들 각각에 대하여 어떤 시대 구분의 기준을 도입해야 하는가? 우리는 (위계·지배·층위·일의적 결정·순환적 인과성 등과 같은) 어떤 관계들의 체계를 하나하나 기술할 수 있는가? 우리는 어떤 계열들의 계열을 확립할 수 있는가? 그리고 사건들의 구분 가능한 연속을 광범위한 연대기를 통해 어떤 도표 안에 규정할 수 있는가?"(10; 18~19). 이러한 '전혀 다른 유형의' 두 가지 질문은 어떤 차이가 있는 것일까? 푸코는 이러한 변화를 '시대나 세기로 기술되는 거대 단위들'로부터 **단절**rupture**의 현상들**로 관심이 옮겨 간 것이라 말한다. 이는 더 이상 '사유의 위대한 연속성, 집단의 망탈리테 또는 정신의 동질적이고도 대규모적인 표명, 자신의 시초부터 스스로의 완성과 존재에 매달리는 과학의 완고한 생성, 이론 활동·분과 학문·형식·장르의 지속'이 아닌 **중단이 불러온 파급 효과**incidence des interruptions를 추적하는 일이다(10; 19).

푸코에 따르면, 이러한 중단은 대략 다음과 같이 여섯 가지 층위를 가진다. ① 바슐라르에 의해 기술된 **인식론적 활동과 문턱**actes et seuils épistémologiques. 이는 침묵하는 시작에 대한 탐구 대신 새로운 유형의 합리성과 그것의 다양한 효과에 대한 지표화指標化, repérage를 추구한다. ② 캉길렘의 분석이 모델을 제공하는 **개념들의 전치와 변형**déplacements et transformations des concepts. 이에 따르면 ─한 개념의 역사는 이제 더 이상 주어진 개념의 점진적 세련화, 점증하는 합리성 및 추상화 정도의 역사가 아니라─ 주어진 개념의 가치 및 구성의 장, 개념 사용상의 연속적인 규칙, 개념의 세련화가 추구되고 또 이루어지는 다양한 이론적 환경의 역사이다. ③ 역시 캉길렘에 의해 수행된 **과학사의 미시적 및 거시적 단계들 사이의 구분**distinction entre les échelles micro et macroscopiques de l'histoire des sciences. 이를 통해 사건들과 결과들은 이제 서로 다른 방식으로 분배된다. ④ **순환적 재분배**redistributions récurrentes. 이는 현재가 변화하고 있는 한에서 주어진 특정 과학 내의 다양한 과거, 다양한 연쇄 형식, 다양한 중요도의 위계, 다양한 결정의 복수적 그물망, 다양한 목적론을 가능케 하는 것으로 세르가 수학 분야에서 그 모델을 보여 준 바 있다. ⑤ 체계들이 이루어 내는 **건축 질서의 단위들**unités architectoniques. 철학사가 게루Martial Gueroult가 잘 보여 준 바와 같이 더 이상 이는 영향, 전통, 문화적 연속성이 아닌, 내적 정합성, 공리, 연역적 연쇄, 양립 가능성의 기술에 입각한 것이다. ⑥ 마지막으로 **문학의 분석**analyse littéraire. 이는 한 시대의 감수성이나 마음, 집단, 학파, 세대, 운동은 물론 심지어 작가와 그의 창조물을 이어 주는 교환의 놀이 안에 존재하는 저자auteur도 더 이상 추구하지 않는다. 문학 분석은 하나의 작품, 한 권의 책, 하나의 텍스트에서 고유한 구조를 찾는 작업이다(10~12; 19~23).

이러한 새로운 방법론은 이전의 방법론과 어떤 면에서 다른가? 우선 이 새로운 방법론은 더 이상 다음과 같은 질문을 던지지 않는다. "연속성은 어떤 길을 따라 확립될 수 있었는가? 어떤 방법에 의해 그렇게 다양하고 계기적인 정신들 사이에 하나의 단일한 지평이 지속되고 또 구축될 수 있었는가? 어떤 행동 양식 혹은 어떤 지지기반이 이전移轉·재포착·망각·되풂의 놀이를 함축하는가? 어떻게 해서 시원始原은 자신의 영역을 넘어 결코 주어진 적이 없는 이러한 완성에까지 자신의 지배를 확장할 수 있는가?" 이제 문제는 더 이상 '전통tradition'과 '흔적trace'이 아니라 오직 **절단**découpe과 **극한**limite일 뿐이다. 또한 문제는 더 이상 '영속하는 기초fondement'가 아니라 오직 토대 및 토대의 갱신으로서 작용하는 **변형**transformation일 따름이다. 이제 전혀 새로운 일군의 문제가 우리 앞에 모습을 드러낸다. "어떻게 (문턱, 단절, 절단, 변이, 변형처럼) 불연속에 대한 사유를 가능케 해 주는 다양한 개념들을 특정할 수 있는가? 다음과 같은 질문들, 곧 하나의 과학이란 무엇인가? 하나의 작품이란 무엇인가? 하나의 이론이란 무엇인가? 하나의 개념이란 무엇인가? 하나의 텍스트란 무엇인가? 이과 같은 질문을 던질 수 있는 단위들을 어떤 기준에 의해 추출해 낼 수 있는가? 우리는 자신을 그 위에 위치시키며 각각의 운율 및 분석 형식을 실행하는 수준들을 어떻게 다양화할 것인가? 이 수준들은 다음의 질문을 한다. 형식화의 정당한 수준은 어느 정도인가? 해석의 정당한 수준은 어느 정도인가? 구조 분석의 정당한 수준은 어느 정도인가? 인과성 부여의 정당한 수준은 어느 정도인가?" 푸코는 다음처럼 결론짓는다. "사유의 역사, 인식의 역사, 철학의 역사, 문학의 역사는 단절들을 복수화하고 불연속의 직립을 추구하는 것처럼 보인다. 그 결과 고유한 의미의 역사, 곧 역사는 불안정성을 갖지 않는 구조들을 위해 사건의 분출을 소거시키는 것처럼 보인다"(12~13; 23~24).

이 모든 새로운 질문들은 단적으로 기존의 **문서**document 개념에 의문을 제기하는 것이다. 이전의 역사학이 이해하는 '문서'란 무엇이었던가? 문서의 목적 혹은 기능은 다음과 같은 것이었다. 문서란 '문서가 (종종 암시적으로) 말해 주는 바에서 출발하여, 그것의 배후에서 펼쳐지고 또 멀리서 사라져 가는 과거를 재구성할 수 있도록 해 주는 것'이다.

따라서 문서는 언제나 '침묵으로 환원된 (희미하지만 그럼에
도 불구하고 해독 가능한) 목소리의 언어'로 이해되어 왔다. 그
러나 이제 역사학은 더 이상 문서를 해석하거나 그것의 진
위 여부나 표현의 가치를 결정하지 않는다. 새로운 역사학
의 과제는 각각의 문서들을 **그 내부로부터** 가공하고 정교화
하는 것이다. 역사는 더 이상 문서에 의한 '재구성'이 아니
다. 이제 문서라는 직물 자체 안에서 가능한 단위·집합·
계열·관계 들을 정의하는 작업이 된다. 역사는 더 이상 이
전과 같이 '인간학적 정당화justification anthropologique' 혹은 '기
억mémoire'이 아니다. 이제 역사는 '한 사회에서 (책·텍스트·
이야기·기록·행위·조직·제도·규칙·기술·대상·관습 등과 같은) 문
서적 물질성이 수행하는 작업·수행'이다. 요약하면 전통적
인 역사의 기능은 기념비monuments를 '기억하고' 문서로 변
형시키며 이 흔적들로 하여금 말하게 만드는 일이었다. 이
에 비하여 오늘날의 역사는 문서를 **기념비**로 변형시키는 것
(추출하고, 분류하며, 적절한 것으로 만들고, 관계를 맺어 주고, 집합들
로 구성해야 할 한 무더기의 요소들을 펼쳐 내는 것)이다. 이제까지
고고학考古學, archéologie은 말 없는 기념비, 무력한 흔적, 맥락

을 잃어버린 대상, 과거에 의해 방치된 사물을 다루는 학문이었다. 그러나 오늘날의 역사는 **고고학**을 지향한다. 오늘날의 역사는 **기념비의 내재적 묘사**description intrinsèque du monument를 지향한다(13~15; 25~27). 이러한 변화의 의미는 다음과 같이 네 가지로 정리될 수 있다.

첫째, 우선 '표면 효과'가 있다. 이는 관념사에서 **단절의 복수화**, 고유한 의미의 역사에서 **장기 지속**의 개념에 대한 조명이다. 전통적 역사는 일련의 계열을 이미 주어진 것으로 전제한 후 그에 따라 각 요소들 사이의 관계를 밝히는 것을 주된 관심으로 삼았다. 이에 반해 새로운 고고학의 관심은 계열들을 구성하고, 각각의 요소들을 정의하며, 그것들의 경계를 확정하고, 각각에 고유한 관계 유형을 밝히며, 그로부터 법칙들을 형성하고, 궁극적으로는 계열들의 계열들 혹은 '도표tableaux'를 구성하기 위해 다양한 계열들 사이의 관계를 기술하는 것이다. 그러나 장기 지속은 역사와 과학의 영역에서 각기 다른 결과를 가져온다. 한편으로 장기 지속은 역사의 영역에서 더 이상 이전처럼 다양한 형식의 역사철학, 세계사의 위대한 시대, 문명의 운명에 의해 새겨진 단계로의 회귀를 의미하지 않으며, 오히려 방법론적으로 잘 조절된 계열들의 세련화를 가져온다. 다른 한편으로 개념·사유·과학의 영역에서는 동일한 변형이 또 다른 결과를 낳는다. 그것은 의식의 진보, 이성의 목적론, 인간 사유의 진화, 곧 총체화totalisation라는 긴 계열을 파괴하고 하나의 단선적 주제로 환원 불가능한 다양한 계열들의 **개별화**individualisation를 가져온다(15~16; 27~28).

둘째, 다음으로 역사적 탐구에서 **불연속**discontinuité의 관념이 중요하게 부각된다. 이제 불연속은 역사적 분석의 기본 요소 중 하나가 된다. 불연속은 다음과 같이 삼중의 역할을 수행한다. ① 우선 불연속은 역사가의 숙고된 조작 행위 자체를 구축한다. ② 다음으로 불연속은 역사가의 기술記述 행위 자체를 규제한다. ③ 마지막으로 불연속은 역사가의 작업이 특정한 방식으로 구체화하고자 노력하는 개념, 곧 대상 자체이다. 이처럼 불연속은 그 자체가 연구의 대상인 동시에 도구이자 나아가 자신이 그 효과로서 탄생하게 되는 장場 자체를 한정하는 개념이라는 점에서 매우 '역설적'이다. 결국 '불연속'은 단순히 역사가의 담론이 드러내는 하나의 개념이 아니라 역사가의 담론이 비밀스럽게 전제하는 어떤 것, 그것이 없다면 역사가의 담론 자체가 탄생할 수 없는 그 무엇이다(16~17; 28~29).

셋째, 마지막으로 '전체사'의 기획이 소멸하고, 아마도 우리가 **일반사**histoire générale라 불러야 할 전혀 다른 무엇인가가 등장한다. 기존의 전체사는 한 문명의 총체적 형식, 한 사회의 물질적 혹은 정신적 원리, 한 시대의 다양한 현상들에 공통되는 의미 작용, 이들의 응집력을 이해하게 만들어 주는 법칙(우리가 은유적으로 한 시대의 '얼굴'이라 부르는 것)의 복원을 추구한다. 이러한 복원은 다음과 같이 몇 가지 가설 혹은 요청 위에 기초한 것이다. ① 모든 다양한 현상 사이에 동질적인 관계들의 체계, 곧 이를 가능케 해 주는 인과의 망, 유비의 관계를 구성할 수 있어야 한다. ② 역사성의 유일하고도 동일한 형식이 다양한 제반 현상들을 포괄하고 또 이 현상들을 동일한 유형의 변형 작용 아래 복속시켜야 한다. ③ 역사 자체가 자신만의 각기 고유한 응집력을 갖는 거대 단위들(단계들 혹은 국면들)로 분절될 수 있어야 한다. 새로운 역사가 문제시하는 것은 바로 이러한 가설들, 요청들이다. 기존의 전체사는 모든 현상을 하나의 원리, 하나의 의미 작용, 하나의 정신, 하나의 세계관, 하나의 총체성 등과 같이 하나의 **중심**의 주변에서 정돈하고자 한다. 그러나 새로운 일반사는 결코 일반화할 수 없으므로 매번 특이할 수밖에 없는 특정한 **분산 작용의 공간**espace d'une dispersion을 펼쳐 낸다. 따라서 매번 다르고 또 자신의 규칙을 갖는 특정 분산 공간의 고유한 질서를 추적하려는 일반사는 어떤 계열들이 구성될 수 있는가, 나아가 어떤 계열들의 계열들, 곧 '도표'가 구성될 수 있는가를 특정 시공간과 관련하여 **상황 내재적으로** 규정하려는 노력이다(17~19; 30~31).

넷째, 마지막으로 새로운 역사는 일련의 방법론적 문제들에 부딪치게 된다. 대략 이 문제들은 문서들로부터 응집력과 동질성을 갖춘 자료군corpus을 구성하는 문제, 선택 원리의 확립, 분석 수준과 관여하는 요소들의 정의, 분석 방법의 특정, 연구 자료들을 구분하는 집합 및 부분집합의 규정, 하나의 집합을 특징짓는 관계들의 결정 등으로 정리될 수 있다. 이러한 문제군은 '역사의 방법론적 장'의 일부를 이룬다. 푸코는 다음과 같은 일련의 조건들이 준수된다면 이를 **구조주의**structuralisme라 부를 수도 있으리라고 말한다. ① 이들은 결코 전체적·전반적 수준이 아닌 특정 수준, 특정 부분에 대해서만 작용하는 상황 내재적 규칙들이다. ② 이는 본질적으로 역사 자체의 장, 특히 경제사의 장 안에서 구성된 물음들이다. ③ 그러나 이러한 물음들은 역사의 구조화structuralisation에 대해 말하는 것이 아니며 마찬가지로 구조structure와 생성devenir 사이의 '대립opposition' 또는 '갈등conflit'을 극복하게 해 주는 것도 아니다. 구조-생성의 대립은 역사적 장의 정의를 위해서도, 구조적 방법론의 정의를 위해서도 적절치 못한 것이다(19~20; 31~33).

3) 의식·주체·인간학에 대한 이의제기

이와 같이 역사의 인식론적 변형의 첫 시도는 마르크스에서 찾을 수 있다. 이는 더 이상 시원, 전통, 진화론적 곡선, 목적론이 아닌 차이, 간극, 분산, 해체와 문턱, 변이, 독립적 체계, 한정된 계열을 사유하는 것이다. 푸코는 묻는다. '우리'(우리 유럽인들)는 우리의 고유한 사유 시간 속에서 **타자성**他者性, l'Autre을 사유하는 것을 두려워했던 것이 아닐까? 푸코는 만약 유럽인들이 타자성의 사유를 두려워했다면 그에 대한 이유가 있을 것이라 말한다. 그것은 다름 아닌 의식·주체의 확실성과 우위에 대한 믿음이다. **연속적 역사와 정초하는 주체**(의식)는 같은 모태에서 동시에 태어난 쌍둥이다. "역사적 분석으로부터 연속에 대한 담론을 이끌어 내는 것, 인간의 의식으로부터 모든 생성과 실천의 시원적 주체를 끌어내는 것은 동일한 하나의 체계가 갖는 두 얼굴일 뿐이다." 그리고 이러한 연속과 주체의 사유 안에서, "시간은 총체화에 의해서만, 혁명은 의식의 포착으로서만 이해될 뿐이다"(21~22; 33~34).

우리는 이러한 표현을 통해 푸코가 역사학에서의 연속 개념, 철학에서의 주제 혹은 의식 개념에 반하는 논의를 펼치는 주된 이유가 당시의 지배적 사유들인 **헤겔주의 혹은 마르크스주의와 달리 사유할 가능성**을 찾고 있는 것임을 알 수 있다. 앞서 말했듯이 '원래 우파가 아니며 마르크스주의적 좌파의 한계 역시 명확히 인식하고 있는' 지식인으로서의 푸코가 『지식의 고고학』에서 추구하고 있는 정치적 지향은 **비非마르크스주의적 좌파**의 가능성이다. 그리고 그 결과가 오늘날 우리가 잘 알고 있는 담론 분석 및 권력-지식론이다. 그러나 푸코는 헤겔주의 혹은 마르크스주의와 달리 생각하는 것으로 그치지 않는다. 앞서 '원래 우파가 아니며'라는 표현에서 잘 드러나듯이, 푸코는 마르크스주의는 물론 '우파'의 자유주의와 공리주의의 이념에도 분명한 반대 의견을 표명한다. 푸코의 이의제기 대상은 사실 우파 전체 그리고 당대 좌파의 지도적 이념이었던 마르크스주의 모두이다. 푸코는 이들의 철학적 공통점이 '의식·주체 중심주의적' 사유에 있으며 이러한 의식·주체 중심주의적 사유의 근본 양태로 칸트의 **인간학**Anthropologie 및 그 이념적 표현인 **휴머니즘**humanisme을 꼽는다. 푸코는 인간학과 휴머니즘 등 모든 형태의 '중심주의적' 사유의 핵심에 의식·주체·연속의 사유가 존재한다고 보고 이들을 공격하는 것이다.

푸코는 **주체의 절대성**에 반하는 19세기 말 이래의 탈脫중심화décentrements를 대표하는 사상 및 사상가로 마르크스, 니체 그리고 최근의 민족학, 언어학, 정신분석의 연구를 든다. 푸코의 관점에 따르면 19세기 말 이래의 지배적 사유는 이러한 탈중심적 사유들 혹은 인물들을 '자신의 입맛에

맞게' **인간학화**하거나 휴머니즘화해 버렸다. 이를 차례대로 간략히 살펴보면 ① 우선 19세기 이래로 마르크스의 사유는 '한 사회의 모든 다양성을 하나의 유일한 형식, 유일한 세계관의 조직, 유일 가치 체계의 확립, 문명의 정합적인 유형으로 이끄는' 전체사에 의해 해석되어 왔다. ② 다음으로 니체의 계보학적 사유는 '합리성에서 인류의 목적을 이끌어 내면서 모든 사유의 역사를 이러한 합리성의 구제, 이러한 신학의 유지, 이러한 정초로 회귀해야만 할 필요성에 연결해 주는' 시원적 정초의 추구로 변형되었다. ③ 마지막으로 보다 최근의 민족학, 언어학, 정신분석은 신화적·우화적 담론의 놀이, 욕망의 법칙과 관련된 탈중심화를 통해 주체의 연속의 테제를 재활성화시켰다. 이렇게 대표적으로 세 가지의 인간학화 방식이 공통으로 보여 주는 구조의 부동성不動性, 닫힌 체계, 필연적 공시성은 불연속의 사용, 수준 및 극한의 정의, 특이한 계열의 묘사, 차이의 놀이를 부정한다. 이제 사람들은 마르크스를 휴머니즘을 추구한 총체성의 역사학자로, 니체를 기원을 찾아가는 초월적 철학자로 여기고 새로운 역사를 그것이 제출한 모든 방법론적 장에서 밀쳐내 버렸던 것이다. 마르크스와 관련하여 '문화적 총체성'이, 니체와 관련하여 '기원의 추구'가, 새로운 역사와 관련하여 '생생하고 연속적이며 개방된 역사'가 수행하는 기능은 모두 동일한 것이다. 그것은 단적으로 **보수적 기능**fonction conservatrice을 수행한다. 오늘날 "사람들이 그토록 비분강개하는 것은 역사의 사라짐이 아니다. 그것은 비밀스럽지만 전적인 방식으로 **주체의 종합적 활동**activité synthétique du sujet에 의존하고 있던 역사의 이러한 (특정) 형식의 사라짐, 한 세기 훨씬 전부터 인간이 포착할 수 없었던 모든 것을 복구시켜 주는 **역사의 이러한 이데올로기적 사용이다**"(22~24; 34~37. 인용자 강조).

따라서 오늘날의 역사학 혹은 푸코의 과제는 이처럼 인간학과 휴머니즘에 의해 잠식되어 버린 사유를 **탈脫인간학화, 탈휴머니즘화** 하는 일일 수밖에 없다. 『말과 사물』의 말미에 등장하는 '인간의 종언'이란 바로 이런 맥락에서 이해해야만 한다. 푸코가 말하는 '인간의 종언'이나 '반反휴머니즘'은 이른바 '인간'과 '휴머니즘'의 관념이 시간과 역사를 초월한 보편적 관념이 아니라 철저히 역사적·문화적 관념이자, 무엇보다도 시효를 다한 관념이므로 시대에 적실하고 새로운 인식의 틀에 입각한 새로운 관념으로 대체되어야 한다는 주장이다. 『지식의 고고학』이 『말과 사물』의 연장선에 놓인 책이며, 특히 그 방법론적 입장을 더 세밀히 규정하려는 작업이라는 말은 바로 이런 의미로 이해되어야 한다.

4) 『지식의 고고학』의 방법론적 성격규정

푸코는 이어지는 서론의 말미 부분에서 자신의 이전 저작들인 『광기의 역사』, 『임상의학의 탄생』, 『말과 사물』이 불완전하기는 하지만 모두 이러한 탈인간화 기획의 일부였다고 말한다. 이제 필요한 것은 무질서하고 파편적 형태로밖에 묘사된 적이 없었던 이러한 기획에 구체적이고 일관된 방법론적 형식을 제공하는 일이다. 『지식의 고고학』은 바로 이러한 방법론을 명시화하기 위해 작성된 책이다. 그러나 이러한 방법론의 기술은 다음과 같이 세 가지 일반적 '오해'를 바로잡아야 한다.

첫째, 지식의 고고학은 구조주의 방법론을 역사의 영역,

특히 인식의 영역에 적용하려는 어떤 시도가 아니다. 이 책의 목적은 구조주의적 방법론의 적용이 아니라, 역사적 지식의 영역에서 이루어지고 있는 **토착적 변형 작용**transformation autochtone의 원리와 결과를 펼쳐 보이는 것이다. 물론 이때 푸코가 말하는 '토착성'이란 결코 초월적이 아닌 것, 곧 '어떤 경우에도 상황 내재적인' 변형 작용의 원리를 말한다. 이러한 '토착적인' 변형 작용의 원리는 매시간, 공간마다 매번 다를 수밖에 없다. 지도와 달력을 초월한 원리가 아니라 어떤 경우에도 지도와 달력에 종속된 상황 내적인 원리이다. 푸코는 이렇게 어떤 경우에도 초월적이지 않으며 상황 내적인 특성을 **일반성**généralité이라 부른다. 이때 일반성은 ─결코 개별 상황, 곧 특수를 포괄 또는 초월하는 '보편성universalité', 따라서 필연성nécessité을 가정하는 보편성이 아닌─ **우연**과 **사건**에 기초한 토착적 내재성을 지칭하는 푸코의 고유한 용법임을 기억해 두어야 한다. 푸코는 이러한 '토착적 변형 작용'이 ─분명 구조주의와 일정한 연관이 있음에도 불구하고 그 자체로 구조주의와 동일시되어서는 안될─ 고유한 기능·작용에 기초해 있음을 지적한다.

둘째, 따라서 지식의 고고학은 이제까지 구조주의적 분석의 형식을 역사에 부과하기 위해 사용됐던 다양한 범주들, 곧 세계관·이념형·시대정신 등과 같은 개념을 사용하지 않는다. 지식의 고고학은 헤겔·마르크스와 같은 기존의 '역사철학'을 지향하지 않으며 오히려 목적론과 총체화에 분명히 반대한다.

셋째, 지식의 고고학이 추구하는 이러한 방법론적 혁신은 모든 형태의 '인간학주의anthropologisme'에서 벗어난 형태의 새로운 방법론을 모색한다. 이처럼 지식의 고고학은 인간학과 휴머니즘에 대한 투쟁의 과정에서 자신의 새로운 역사적 가능성의 지점을 발견한다.

요약하면 "이전의 책들과 마찬가지로, 이 책은 (생성·역사·생성에 반대되는) 구조의 논쟁에 속하지 않으며, 오히려 인간 존재·의식·기원 및 주체의 물음이 드러나고 교차하며 중첩되고 구체화되는 이러한 장場에 속한다." 그러나 바로 뒤이어 푸코는 지식의 고고학이 구조주의에 대해 완전히 낯선 것이 아님을 다시 한 번 분명히 한다. "물론, 이 책에서도 역시 구조의 문제가 제기된다는 말도 틀린 말은 아니다"(25~26; 37~39). 이는 일견 『지식의 고고학』이 구조주의로 부터 새로운 걸음을 내디뎠지만, 여전히 구조주의에서 완전히 자유로운 것만은 아니라는 자기 고백처럼 들리기도 한다. 그러나 이러한 언명의 실제 내용은 그와는 약간 다른 뉘앙스, 실은 전혀 다른 의미가 있다. 앞으로의 서술에 의해 잘 드러나겠지만, 푸코가 이러한 언명을 통해 의미하려는 바는 일견 『지식의 고고학』이 여전히 구조주의의 문제들을 다루고 있으며 따라서 전통적·정통적 의미의 구조주의로부터 벗어나지 못한 것처럼 보일 수 있지만, 새로운 분산 작용과 차이, 곧 니체적 **힘-관계**의 논리를 통해 기존 구조주의의 모든 문제를 전혀 새로운 방식으로 포괄·전개·재배치하고 있다는 자신만만한 주장이다. 물론 구조주의와는 전혀 다른 이 '새로운 방식'이 지식의 고고학이다. 이러한 기본적인 이해를 염두에 두고 계속 푸코의 말을 따라가 보자.

푸코에 따르면 『지식의 고고학』은 자신의 이전 책들에 대한 '내적 교정과 비판'을 담고 있다. 『광기의 역사』에서는 현상학적 뉘앙스를 갖는 '경험'이라는 말이, 『임상의학의 탄생』에서는 '구조주의적 분석'에의 호소가, 『말과 사물』
에서는 '문화적 총체성' 혹은 '맨 경험'이라는 용어가 혼동
을 불러일으켰다. "『지식의 고고학』은 이러한 혼동을 드러
내고 제거하고자 한다. 『지식의 고고학』은 정체성·동일성
을 부정한다. 이러한 과정에서 『지식의 고고학』은 자신의
기본적 전제들을 밝힐 것이다. '나는 이것도 저것도 아니다
je ne suis ni ceci ni cela.' … 이는 하나의 정위定位, emplacement를 그것
이 갖는 이웃 관계의 외재성extériorité de ses voisinage을 통해 정
의하는 것 … 내가 그곳으로부터 말하는 이 빈 공간, … 하
나의 (특정) 담론 안에서 천천히 자신의 형태를 취해 가는
이 빈 공간espace blanc을 정의하려는 것이다." 푸코는 결국 서
문에서 이전의 책들에서 범했던 방법론적 오류를 일소하고
새로운 방법론을 설립하고자 하는 자신의 야심만만한 기획
에 대해 말하고 있다.

　한편 서문의 마지막 부분은 독자로부터 제기될 법한 질문
을 스스로 묻고 답하는 형식으로 마무리된다. 이 부분은 푸
코를 말할 때 인구에 회자되는 유명한 부분이기도 하고 기
존 번역본에서는 약간의 오역(원문을 적은 부분)을 포함하고

있으므로 조금 길지만 아래에 전문을 새롭게 번역해 본다.

"— 당신은 자신이 말하는 것을 확신하지 못하는 것이 아닌
가? 당신은 또다시 변신하려 하면서, 당신에게 제기된 질
문들과 관련하여 스스로 입장을 바꾸고, 당신에 대한 이
러한 반론들이 당신의 의도를 정확히 짚어 내지 못했다
고 말하려는 것인가? 당신은 또다시 당신이 사람들이 비
난하는 그런 사람이 아니었다고 말하려는 것인가? 당신
은 이미 다음 책에서 당신을 다른 곳으로 솟구쳐 오르게
해 줄 출구, 당신이 바로 지금 그렇게 하고 있는 것처럼,
이렇게 말하며 경멸하게 해 줄 출구를 만들어 내고 있
는 것인가? '아니다, 아니다, 나는 당신들이 노리는 그곳
에 있지 않다. 나는 당신들을 비웃으며 쳐다보는 이곳에
있다.'

뭐라고? 당신은 내가 그런 고통과 즐거움을 느끼면서도
글쓰기를 선택하리라고 상상하는가? 당신은 내가, 나로
하여금 모험을 하게 하고 나의 목적을 변경시키며 그것
에 지하통로를 열어 주고 그것 자체로부터 멀어지게 만

들어 줄 미로, 스스로 자신의 도정을 요약하고 변형시키는 돌출부를 찾아 줄 미로, 그리하여 내가 길을 잃게 만들고 내가 결코 다시는 만나지 않을, 결국 눈앞에 드러내 줄 미로를 준비하지 못한다면, 약간은 열이 오른 손으로 무모하게도 나의 작업을 고집하리라고 믿는가? 더 이상 (고정된) 얼굴을 갖지 않기 위하여 글을 쓰는 사람들이 존재한다. 의심의 여지없이 나 역시 그런 사람 중 하나이다. 내가 누구인지 묻지 말기를, 내게 그대로 머물러 있으라고 말하지 말기를. 그것은 호적계의 도덕, 우리의 서류를 지배하는 도덕이다. 우리가 글을 써야 할 때이 도덕이 우리를 자유로이 내버려 두기를Plus d'un, comme moi sans doute, écrivent pour n'avoir plus de visage. Ne me demandez pas qui je suis et ne me dites pas de rester le même: c'est une morale d'état-civil; elle régit nos papiers. Qu'elle nous laisse libres quand il s'agit d'écrire"(26~28; 38~41).*

---

* 영역본은 다음처럼 '의역'이 되어 있다. 이는 실상 '과한 해석'으로 원문을 '번역자가 규정한 특정 의미로 한정 짓는다'는 면에서 그리 좋은 번역이 아니다. "I am no doubt not the only one who writes in order to have no face. Do not ask who I

2. 담론적 규칙성 ― "모든 것은 구성된 것이다"

1) 담론의 단위들

푸코는 이 장에서 책과 작품으로부터 주체와 대상에 이르는 기존 방법론의 모든 '단위들unités'을 **언표**言表, énoncé의 관점에서 새롭게 정의한다. 이는 누군가 새로운 방법론을 만들기 위해서는 먼저 기존의 방법론에 대한 부정적 비판 작업이 선행되어야 한다는 점에서 필수적인 작업이라 할 수 있다.

우선 고고학은 주제 혹은 개념의 측면에서 연속성의 주제를 비롯하여 전통, 영향, 발전 및 진화, 정신 및 망탈리테 등의 관념으로부터 거리를 두어야 한다. 또한 고고학은 과학, 문학, 철학, 종교, 역사, 소설처럼 '우리가 지금 친숙해져 버린' 절단과 구분을 의심해 보아야 한다. 서구의 경우, 문학, 정치학, 철학, 과학은 17-18세기에만 해도 19세기와

am and do not ask me to remain the same: leave it to our bureaucrats and our police to see that our papers are in order. At least spare us their morality when we write."(Michel Foucault, *The Archeology of Knowledge*, Vintage, 2010, p.17.)

같은 방식으로 분절되지 않았으며 이러한 각 영역의 일관성과 통일성, 혹은 나아가 이들 사이의 대립이 설정된 것은 극히 최근의 일이다. "결국 이른바 '문학' 혹은 '정치학'은 회고적 가설에 의해서만, 형식적 유비 또는 의미론적 놀이에 의해서만 중세나 고대까지만 적용 가능한 최근의 범주들이다." 물론 이러한 푸코의 말은 ―바로 **푸코 고고학의 방법론적 원리에 따라**― 서구의 경우에만 해당되는 말이며 비서양의 경우에는 또 다른 분절의 절단면들을 찾아내야 할 것이다. 여하튼 문학 혹은 정치학처럼 '우리가 친숙하게 느끼는' 구분들은 그 자체로 언제나 반성의 범주, 분류의 원리, 규범적 규칙, 제도화된 유형들로서 우리에게 '주어진 것', 당연한 것이 아닌 우리가 앞으로 분석해야 할 것, 의심해 보아야 할 것, 곧 **담론적 사실들**faits des discours이다(31~33; 43~45).

우선 책과 작품이라는 단위의 '통일성'을 의문시해야 한다. 책과 작품이란 그 자체가 독립적 실체가 아니라 늘 **특정** '담론의 복합적인 장champ complexe de discours' 안에서만 지시되고 구성될 수 있는 어떤 것이다. 가령 책이 갖는 '물질적 통일성'은 그것을 가능케 해 주는 '담론적 통일성'에 비하면 부차적인 것이다. 책이 담론을 만드는 것이 아니라 담론이 책을 가능하게 만든다. 한 권의 책은 촘촘한 날줄과 씨줄로 이루어진 그물, 관계들의 망網 속에 존재하는 하나의 그물코, 매듭으로 이해될 수 있다. 실상 책이란 이러한 복합적인 그물망 속에서 구성되는 **책-기능**fonction-livre이다. 작품 역시 마찬가지이다. 우리가 작품을 자명한 것으로, 곧 '하나의 고유명사로서 기호에 의해 지시 가능한 텍스트들의 집합'으로, 직접적이며 확실하고 등질적인 단위로 생각할 때, 우리는 책의 경우와 마찬가지로 특정 조건 아래에서 특정한 방식으로 구성되어 있고 따라서 결코 실체화하기 불가능한 **작품-기능**fonction-œuvre을 '작품'이라는 실체로 바라보는 오류를 범하고 있다. 푸코는 책과 작품에 대한 논의를 정리하며 다음처럼 말한다. "우리는 곧 이와 같은 단위가 결코 직접 주어진 것이 아니며, 늘 특정한 조작操作, opération에 의해 구성된 것이며, 또한 이러한 조작이 해석적interprétative인 것임을 이해하게 된다. 작품은 어떤 직접적인 단위, 확실한 단위, 등질적 단위로 이해되어서는 안 된다"(33~36; 46~48).

이에 더하여, 연속성을 유지해 주는 두 가지 주제가 존재한다. 하나는 '기원origine'이며 다른 하나는 '이미 말해진 것 déjà dit'이다. 기원은 외관상의 모든 시작을 넘어서는 진정한 시작, 참다운 시작, '너무나도 비밀스럽고 기원적이어서 결코 그 자체로는 포착되지 않는' 하나의 시작이다. 지식의 고고학, 언표와 담론의 사유는 기원 없이 사유하려는 노력이다. 왜냐하면 이러한 기원의 인정과 추구는 결국 이 세계의 모든 것에 거슬러 올라갈 수 있는 시간과 공간을 초월한 본질이 존재한다는 '본질주의essentialisme'와 맞닿아 있기 때문이다. 고고학은 모든 일반 명사와 보통명사를 **고유명사로** 간주하는 비非본질주의, **유명론**唯名論, nominalisme의 입장을 취한다. 이 세상의 모든 명사는 특정 시공간 안에서 구성된 고유명사들이다. 따라서 지식의 고고학에 따르면 이 세상의 모든 개념은 역사적 · 정치적 · 사회적 · 문화적으로 구성된 개념들이다. 지도도 달력도 없는 것에 대해서는 말하지 않는 고고학은 모든 개념과 모든 사물 · 사태를 지도와 달력 위에 위치하고자 한다. 따라서 지식의 고고학은 전면적인 **국지화**局地化, localisation의 전략이다. 그러므로 앞서 말한 것처럼 고고학이 '역사가 없는 것처럼 보이는 개념들의 역사를 기술하고자' 노력한다는 말은 바로 이런 의미에서 이해되어야 한다. 마찬가지로 이러한 기원의 개념과 연관된 것이 '이미 말해진 것'이다. '이미 말해진 것'은 바로 이러한 의미에서 우리에게 시공을 초월한 본질, 불변의 진리, 고정된 실체, 과거에 존재했던 완벽한 기원으로의 '회귀retour'를 지향하게 한다. 고고학은 이렇게 '이미 말해진 것'으로의 회귀 없이 사유하려는 노력이자, 실체화된 과거로의 회귀가 아닌 시간적 분산의 놀이, 시간적 정확성과 순간의 놀이, 우연과 사건의 놀이 안에서 사유하려는 노력이다(36~37; 48~51).

우리는 이제껏 우리가 자명한 것, 자연스러운 것, 당연한 것으로 생각했던 모든 것을 **사회적 구성물들**social constructs로 바라보아야 한다. 또한 사회적 구성물들을 자연적인 것 혹은 당연한 것으로 받아들여 왔던 기존의 습관을 거부해야 한다. 우리는 이런 것들이 사실 우리가 인식하고 장악해야만 할 특정 규칙 및 정당화가 빚어낸 특정 구성 작용의 **효과**임을 인식해야 하고, 이런 것들이 **어떤 조건과 어떤 분석의 관점에 의해 정당화가 가능했는가**를 규명해야만 한다. 그리하여 결국 이들은 어떤 의미에서도 결코 자명한 것이 아니며 오히려 특정한 이론을 요청한다는 사실, 그리고 이러한 이론을 가능케 하는 것이 다름 아닌 '담론적 사실의 장'이라는 사실을 이해해야만 한다. 푸코는 모든 것을 의심하고 모든 것을 새롭게 사유하려 한다. "나는 즉각 질문에 붙이기 위해서만 역사가 내게 제시하는 집합들을 받아들인다"(37~38; 51~52).

이렇게 해서 일단 '연속성'의 관념이 의심스러운 것으로 가정되면, 하나의 새로운 '영역'이 모습을 드러낸다. 이 영역은 '현실화된 모든 언표의 집합으로 매번 고유한 심급審級, instance과 사건의 분산 안에서' 구성된 것, 곧 **담론 공간 일반 내에 존재하는 사건들의 집합체**population d'événements dans l'espace du discours en général이며, 이로부터 단위 연구를 위한 지평으로서의 **담론적 사건에 대한 기술**description des événements discursifs이라는 고고학의 기획이 떠오른다. 담론의 기술은 랑그langue의 기술과 쉽게 구별된다. "하나의 랑그는 자신이 속한 집합이 오래전에 사라졌거나, 아무도 그 집합에 대해 더 이상 말하지 않는다 해도, 혹은 그 집합이 희소한 파편들 위에서만 복구되었다 하더라도 언제나 가능한 언표들을 발생시키는 하나의 체계를 구성하는" 어떤 것으로서 가정된다. 랑그는 **무한한**infinie 수행을 가능케 해 주는 유한한 규칙들로 한정된 하나의 집합이다. 그러나 이와는 달리 담론적 사건의 장은 실제로 형식화된 언어학적 연속séquence에 의해서만 한정되는 하나의 **유한한**fini 집합이다. 따라서 랑그의 분석은 다음과 같은 질문을 던진다. "하나의 언표는 어떤 규칙에 따라 구성되었는가? 따라서 이와 유사한 다른 언표들은 어떤 규칙에 따라 구성 가능한가?" 그러나 담론적 사건의 분석은 전혀 다른 질문을 던진다. "어떻게 해서 그 자리에 **다른 언표가 아닌 바로 이 언표**가 나타나게 되었는가?comment se fait-il que tel énoncé soit apparu et nul autre à sa place?" 이러한 담론적 사실의 기술은 '사유의 역사histoire de la pensée'에 대립한다. 전통적인 사유의 역사가 추구하는 바는 주체의 의도, 주체의 의식적인 활동, 주체가 의미하고자 했던 것, 주체의 무의식적 작동을 재포착하고 재구성하며 재발견하여 다시금 다른 담론을 재구축하는 것이다. 이는 말하는 의식적 주체에 대한 다음과 같은 질문으로 귀결된다. "말하여진 것 안에서 말하는 자는 누구인가?" 그러나 새로운 담론적 장의 분석은 전혀 다른 것을 추구한다. 담론 분석의 관건은 "언표를 사건의 구체성 및 특이성 안에서 파악하고, 언표의 존재조건을 결정하며, 언표의 한계를 적절히 고정하고, 연결될 수 있는 다른 언표들과의 상관관계를 확립하고, 하나의 언표가 배제하는 또 다른 언표 작용의 형식들을 드러내 보여 주는 것이다." 또한 푸코는 담론 분석의 고유한 질문을 다음과 같이 정식화한다. "다른 어떤 곳도 아닌 바로 여기, 말 되어지는 것 안에서 구체화된 이것의 고유한 실존은 무엇인가?quelle est donc cette singulière existence, qui vient au jour dans ce qui se dit, – et nulle part ailleurs?"(39~40; 52~55). 달리 말하면 오직 여기-지금 단 한 번 일회적으로만 발생한 이것, 따라서 일반화·법칙화할 수 없는 이것은 무엇인가?

지식의 고고학을 부정적으로 규정해 보자. 우선 지식의 고고학이 말하는 언표 혹은 담론 분석은 다음의 두 가지 분석을 추구하지 않는다. 첫째, 담론 분석에서 주체가 의식적으로 추구하려 했던 '의미 작용signification'의 분석을 추구하지 않는다. 의식적 주체의 우위를 인정하지 않으며 오히려 주체 자체를 복합적인 담론적 장이 발생시킨 하나의 효과로 간주하는 담론 분석은 주체의 의식적 의도, 곧 '의미 작용'을 부차적인 것으로 간주한다. 담론 분석은 한 주체의 의식적 언어 사용이 정확히 무슨 의도를 갖는가, 곧 정확히 무슨 의미가 있는가를 부차적인 것으로 간주한다. 둘째, 담론 분석은 발화 주체가 알고 있는 혹은 알지 못하는 '무의식적 의도intention inconsciente'의 분석을 추구하지 않는다. 담론 분석은 어떤 심층 심리, 심층 구조에 대한 분석을 추구하지 않는다. 담론 분석은 오로지 현실적으로 발화된 담론, 저 담론이 아닌 이 담론이 실제로 발생시키는 **담론 효과**effet discursif만을 추적한다.

예를 들어 보자. 가령 어떤 사람이 '인간답게 살고자 한다면 성실해야 한다'는 말을 했다고 하자. 이 경우 언어학적 의미 작용의 분석에서 그가 의미한 바는 정확히 무엇인가? 담론 분석은 어떤 의미로 그러한 말을 했는가를 정확히 알고 또 분석하고자 할 것이다. 반면에 가령 정신분석과 같은 무의식의 학문은 그가 그러한 말을 하게 된 의도 혹은 그러한 말로써 성취하고자 하는 (자신이 알거나 혹은 알지 못하는) 무의식적 목적이 무엇인가를 알아내고자 할 것이다. 그러나 담론 분석은 그 말이 정확히 무슨 의미인가를 묻지도 않고 그러한 말의 배후에 깔린 무의식적 의도가 무엇인지 알고자 노력하지도 않는다. 혹은 보다 정확히 말하면 담론 분석은 발화된 말의 정확한 의미를 알지만 그것 자체에 어떤 우월한 중요성을 부여하지 않는다. 마찬가지로 담론 분석은 발화된 말의 이면 혹은 심층에 깔린 것으로 가정된 무의식적 의도를 찾고자 하지 않는다. 담론 분석은 **다른 어떤 말도 아닌 바로 이 말**, 곧 특정 상황에서 특정인에 의해 특정인들을 향해 **현실적으로 발화된 이 말**이 어떤 '효과'를 낳는가, 어떤 '결과'를 가져오는가를 알고자 한다. '인간답게 살기' 위한 무한한 방법이 있고 그에 관련된 무한한 방식의 정당화가 가능함에도 왜 이 사람은 다른 어떤 말이나 논거나 방식이 아니라 하필 이 방식으로 말을 한 것일까? 다른 상황에서 다른 말을 할 수도 있었을 텐데, 이 사람은 왜 하필 이 상황에서 이런 근거를 제시하며 이런 말을 했을까? 그리고 무엇보다도 이 사람이 실제로 발화한 말은 말을 한 당사자 그리고 그 말을 들은 사람들에게 어떤 효과를 낳았을까? 당사자를 포함하여 이 말을 하고 들은 사람들은 이 말을 하지 않거나 듣지 않았을 때에 비하여 어떤 면에서 어떻게 다른 사람이 되는가? 그들은 이 말을 하거나 듣지 않았을 경우 어떤 실제적 차이를 보이는가? 이처럼 오직 현실적으로 발화된 담론의 효과만을 추적하는 담론 분석은 결코 심층적인 의미나 무의식적 의도를 파악하고자 하지 않기 때문에 스스로를 **표피적**表皮的, superficiel 분석이라 부른다.

이처럼 **표면 효과**表面效果, effet superficiel를 분석하는 담론 분석의 특성은 **언표**言表, énoncé라는 일어 번역에도 잘 드러나 있다. 언표란 '실제로 **말**言로 **표**表현된 것'이다. 이 사람은, 나는, 너는 왜 다른 어떤 말이 아닌 이 말을, 이 상황에서, 이런 방식으로 했을까? 바로 이런 의미에서 하나의 언표는 다른 어떤 무엇으로도 환원 불가능한, 반복 불가능한, 고유한, 단 **일회적인** 자신만의 실존을 가진다. 이런 의미에서 언표는 하나의 **사건**事件, événement이다. 사건이란 일반화시킬 수 없는 자신만의 고유한 상황과 층위를 갖는 것으로 반복 불가능성, 환원 불가능성, 일회성을 특징으로 한다. 사건이란 일회적인 것으로 유일성, 곧 **고유성/특이성**(이상의 단어는 모두 프랑스어 'singularité'의 번역어이다)을 갖는 것이다. 따라서 매번 특이하고 고유한 논리를 갖는 사건은 역사적인 것, 우연적인 것, 경험적인 것, 달리 말하면 초월적이지 않은 것, 필연적이지 않은 것, 선험적이지 않은 것이다. 이런 의미에서 '사건적 특이성singularité d'événement'이란 같은 말을 두 번 반복한 것, 곧 동어반복에 지나지 않는다. 이런 의미에서 '언표는 사건이다'라는 말 역시 동어반복이다. 푸코는 이렇게 반복 불가능하며, 환원 불가능한 사건의 발생을 **출현**出現, émergence이라 부른다. 출현이란 '이미 있는 어떤 것의 발견'이 아닌 '없었던 것'의 구성, 곧 발명 혹은 **탄생**과 같은 말이다. 앞의 경우와 마찬가지로 가령 '언표적 사건의 출현'과 같은 표현도 같은 말의 반복에 지나지 않는다. 이처럼 인간의 사유는 언어적 약속, 곧 정의définition의 놀이이며 담론 분석은 정의의 놀이가 따르는 규칙이 생성되는 장을 언표 혹은 담론적 사실의 장이라고 보는 것이다(39~40; 55~56).

이런 담론적 사실의 장은 어떤 요소 혹은 범주도 자신에 앞서는 것, 원래 있는 것 혹은 이미 주어져 있는 것으로 가정하지 않는다. 모든 것은 오직 요소들의 **배치**configuration에 따라 **동시적·상관적으로** '탄생'하는 것이다. 따라서 담론적 장의 분석은 이들 사이에 매번마다 존재하는 고유한 **관계들** relations에 대한 분석일 수밖에 없다. 이는 언표들 사이의 상호 관계들, 이렇게 수립된 특정 언표군言表群들 사이의 관계들, 언표 및 언표군 그리고 이들과는 전혀 다른 질서에 속하는 사건들에 대한 묘사이자 분석이다(41; 56). 따라서 이러한 묘사와 분석은 어떤 순수한 실체나 관계를 찾는 작업이 아니다. 무엇인가가 '순수'하기 위한 인식론적 조건은 다른 것이 '순수하지 않거나' 혹은 적어도 '덜 순수해야 한다'는 것이다. 가령 '남자들이 결단력이 있다'는 식의 말을 하는 사람이 만약 '여자들도 그만큼 결단력이 있다'면 무의미한 말을 하는 것이 되므로 '여자들은 결단력이 없거나 혹은 적어도 남자들보다 결단력이 없다'는 식의 말을 하는 것이 된다. 이와 같이 모든 '순수'는 자신을 다른 것들로부터 **분리**하고 구분 짓는 동시적·상관적인 **자기규정/타자배제**의 과정이자, **주체화/대상화**의 과정을 전제로 한다. 바로 이런 의미에서 나의 적은 나와 쌍둥이이다. 내가 나의 적을 나와 다른 존재로 설정함으로써 나는 내가 된다. 이는 나를 적으로 설정하는 자의 입장에서도 마찬가지이다. 나는 너와 다르다. 그러므로 나는 이상하거나 열등하다. 반대로 너는 나와 다르다. 그러므로 너는 이상하다거나 열등하다.

앞서 말한 것처럼 에드워드 사이드가 1978년에 『오리엔탈리즘』을 발간하고 서문에서 푸코의 『지식의 고고학』에서 큰 영향을 받았다고 한 것은 바로 이런 의미이다. 서양은 오리엔트를 타자他者, l'Autre, the Other로 설정하면서 스스로를 지금 바로 그러한 이 서양으로 구성했던 것이다. 따라서 오리엔탈리스트들이 비서양에 대해 가히 치유 불가능한 '우월감'에 절어 있는 것은 심지어 그들의 도덕성의 문제조차도 아니다. 이는 '오리엔트의 오리엔트화 과정', 곧 '서양 자신의 서양화 과정'에 따르는 필연적 결과 혹은 효과이다. 서양인들은 바로 이러한 과정을 거쳐 스스로의 '본질'을 비서양인들에 대한 우월함으로 규정하게 되고, 이와 정확히 동시적·상관적으로 비서양인들(이 경우에는 오리엔트인들)의 '본질' 역시 비서양인들에 대한 열등함으로 규정되기 때문이다. 따라서 분석의 대상은 초역사적인 것으로 가정되는 어떤 누구 혹은 무엇인가의 '본질'이 아니라, 그것이 다른 어떤 것이 아닌 바로 그것이 되도록 자기 자신과 대상 그리고 인식을 상호 구성하며 만들어 간 '동시적·상관적 관계들의 구축·형성 과정'에 대한 분석이다. 따라서 고고학적 분석은 주체와 대상 그리고 이들 사이의 인식 **형성 과정**formations에 대한 분석이며 모두에 대한 역사적·비판적·정치적 분석을 수행한다. 이것이 푸코가 말하는 **주체화·대상화·인식론화** 과정에 대한 분석이다. 이런 점을 염두에 두고 바라보면 ─들뢰즈가 『푸코』에서 적절히 지적한 것처럼─ 말년의 푸코가 '주체화'의 문제에 천착한 것은 대중의 일반적인 오해와 달리 주체로 회귀한 것이 아니라 주체의 형성 과정에 대한 역사적 분석, 곧 **주체 형성의 계보학**을 수행한 것임을 알 수 있다.

따라서 담론적 사실의 분석을 통해 우리는 모든 자연적이자 보편적인 것, 직접적인 것이 사실 자연적이지 않은 것, 보편적인지 않은 것, 직접적이지 않은 것과 동시적·상관적으로 탄생한 쌍둥이들임을 안다. 자연은 자연적이지 않으며 보편성은 결코 보편적이지 않고, 직접적인 것은 결코 직접적이지 않음을 아는 고고학은 이들의 공존성

coexistence, 계기succession, 상호 기능 작용fonctionnement mutuel, 상호 결정 작용détermination réciproque, 독립적 혹은 상관적인 변형 작용transformation indépendante ou corrélative에 대한 분석을 수행한다. 고고학적 분석은 어떤 실체로서의 주체, 대상, 인식도 인정하지 않으며 오직 그것들의 형성 과정을 탐구할 뿐이다. 따라서 이 모든 것을 각기 하나의 실체로 상정하고 이른바 그것의 '본질'을 추구하는 본질주의적 분석 그리고 그것의 근대 버전들이라 할 인간학, 인간학적 범주, 인간과학은 고고학적 분산dispersion archéologique이라는 날카로운 메스 앞에서 자신의 모습을 잃게 된다.

2) 담론 형성

그렇다면 이제까지 자명한 것으로 가정되어 왔던 기존의 담론 단위들의 실체성을 부정하는 고고학적 탐구 작업은 이제 이러한 담론들이 언제, 어디에서, 어떤 조건 아래, 어떤 과정을 거쳐 다른 어떤 모습이 아니라 바로 지금의 모습으로 구성되었는가를 묻는 작업이 된다. 간단히 말해 고고학은 **담론 형성 작용**formation discursive을 탐구하는 작업이다.

이제 이러한 질문이 제기된다. 우리가 '당연한 것'으로 믿어 왔던 단위들은 어떻게 해서 '당연한 것'이 될 수 있었을까? 푸코는 이에 대한 기존의 유력한 답변들을 하나하나 검토함으로써 이러한 답변들이 모두 적절치 못한 것들이며, 오히려 언표 작용, 담론 작용에 의해 설명되어야 할 것들임을 밝힌다. 푸코가 검토하는 기존의 '잘못된' 가설들은 다음의 네 가지이다. 하나의 유일하고도 동일한 대상을 지칭하는 하나의 집합, 언표들 사이의 얽힘이 보이는 형식과 유형 혹은 스타일, 항구적이고 정합적인 개념들의 체계, 주제의 동일성과 존속이 그것들이다. 아래에서 이를 하나씩 간단히 살펴보자.

첫째로 일군의 언표들이 하나의 유일하고도 동일한 대상 un seul et même objet을 지칭할 때 하나의 단위가 된다는 주장이 있다. 이것은 '가장 그럴 듯한 것으로', 가령 정신병리학은 우리가 '광기'라 부르는 '동질적이고도 동일한 하나의 대상'과 연관되어 있는 듯이 보인다. 그러나 이러한 생각은 이른바 '광기'라는 개념이 시간과 공간을 초월한 자연적 개념이 아닌, 서양에서조차 18세기 말 19세기 초 이래 새롭게 형성된 인공적 개념이라는 사실에 의해 반박된다. 시간과 공간을 초월한 하나의 유일하고도 동질적인 대상이란 존재하지 않는다.

두 번째는 언표들이 이루어 내는 특정한 얽힘의 **형식, 유형** 혹은 **스타일**forme et type ou style d'enchaînement이 존재할 때 그것을 단위로 부를 수 있다는 생각이다. 가령 의학이 기술적 언표들의 계열로서 조직화된 것이라면 시간과 공간, 곧 역사와 문화를 초월한 '의학 자체'가 존재하는 것은 아닐까? 그러나 이러한 주장은 가령 임상의학적 담론이 특정 기술의 총체였던 것만큼이나 생명, 죽음, 윤리적 선택, 치료적 선택, 제도적 규제, 교육 모델의 총체였다는 사실에 의해 반박된다. 하나의 학문적 단위를 만드는 것은 언표들의 특정한 형식화 방식이라기보다는 차라리 이 모든 것을 가능케 한 규칙들의 집합이라고 해야 할 것이다. 우리가 찾아내고 구분해 내야 하는 것은 분산된 이질적인 언표들의 공존 방식, 언표들의 분산을 지배하는 체계, 언표들 사이의 상호 지지점, 언표들이 서로를 함축하고 배제하는 방식, 언표들이 겪는 변형 작용, 언표들의 교대·교환·대체의 놀이이다.

세 번째로 항구적이고 정합적인 **개념들의 체계**système des concepts permanents et cohérent에 의해 하나의 단위가 설립될 수 있다는 생각이 있다. 그러나 이런 주장 역시 이른바 '개념의 통일성'이 실은 다양한 언표, 분석, 기술, 원리 및 결과, 연역들의 총체라는 사실을 생각해 보면 쉽게 반박된다. 이른바 동질적인 개념들의 체계란 그러한 개념들이 속해 있는 장이 발생시키는 최후의 효과에 불과하다. 개념들의 체계에 대한 의존은 '설명되어야 할 것으로 다른 것들을 설명하려는' 전도된 오류에 불과하다. 오히려 우리가 추적해야 하는 것은 이러한 복합적 장이 발생하게 된 다양하고도 이질적인 계기들, 곧 그러한 장 자체의 출현과 분산의 놀이이다.

마지막으로 **주제**의 동일성과 존속identité et persistence des thèmes이 있다. 가령 뷔퐁이나 다윈의 진화론적 주제, 케네의 중농주의라는 주제는 일관적이지 않을까? 진화론의 실제 역사를 추적해 보면 우리는 18세기와 19세기에서 '진화론자들'의 주제가 실상 동질적인 하나의 주제가 아니었음을 깨닫게 된다. 이른바 '중농주의'도 다양한 기원과 다양한 체계의 다양한 '중농주의들'이 존재할 뿐이다. 두 개 이상의 다른 근거와 체계를 갖는 주장들이 '결과적으로' 동일하거나 유사한 결과를 보여 준다는 사실에서 이들 사이의 본질적 동일성을 이끌어 낼 수는 없다(44~52; 58~66).

그러므로 문학 자체, 의학 자체, 경제학 자체란 존재하지 않으며 오직 **이** 문학과 **저** 문학, 이 의학과 저 의학, 이 경제학과 저 경제학이 존재할 뿐이다. 푸코는 이상의 논리를 다음처럼 정리한다. ① 안정적 '대상'이란 차라리 갈라진 채 엉클어져 있는 계열들, 곧 차이·간극·치환·변형의 놀이다. ② 언표 작용의 일정한 규범적 '유형'이란 너무나도 다른 수준과 형식화의 층위를 갖는 복합체들이다. ③ 아무리 '잘 정의된 개념들의 체계'라 할지라도 하나의 체계는 구조와 사용 규칙의 측면에서 결코 스스로가 포괄할 수 없는 이질적 개념들을 포함한다. ④ 실제로 동일한 '주제의 존속'은 너무도 다른 역사와 배경을 갖는 다양한 관점들을 무리하게 하나로 묶어 버린다.

이로부터 하나의 새로운 지도 이념이 떠오른다. 이 새로운 지도 이념의 목표는 그 자체로 '분산 작용'을 기술하는 것이자 '다양한 요소들 사이에 존재하는 일정한 **규칙성**'

을 기술하는 것이다. 담론 분석은 **분산 작용의 체계**systèmes de dispersion를 기술하는 것이다. "일련의 언표들 사이에서 규칙성을 기술할 수 있을 때, 대상들, 언표 작용의 유형들, 개념들, 주제들 사이에 규칙성을 정의할 수 있을 때, 우리는 '과학'이나 '이데올로기' 혹은 '이론' 또는 '객관성의 영역'과도 같은 분산 작용을 가리키기에는 부적절하고 부담스러운 용어들을 피해 **담론 형성 작용**formation discursive을 다루고 있다고 말할 수 있다." 푸코는 이런 분배 작용의 다양한 요소들이 복종하는 조건을 **형성 규칙**règles de formation이라 부르고, 이 형성 규칙이 '주어진 특정 담론의 분배 작용에서 **실존조건** conditions d'existence dans une répartition discursive donnée'이라고 말한다. 이때의 실존實存조건이란 언'표表'의 경우와 마찬가지로 '실實존, 곧 무엇인가를 '**실**제로 **존**재할 수 있게 만들어 주는' 조건이다. 이처럼 언표 분석은 잠재적인 것도 가능한 것도 아닌, 오직 **현실화된 것**만을 분석의 대상으로 삼는다.

결국 이러한 담론 형성 작용에 대한 분석은 이제까지 의심받은 적이 없던 모든 범주와 개념을 의심스러운 것, 더 이상 사용할 수 없는 것으로 만든다. 푸코는 이런 의심스러운 전통적 관념들로 합리성의 운명과 과학의 목적론, 시간을 가로지르는 사유의 연속적인 긴 노동, 의식의 깨어남과 진보, 자기 자신에 의한 의식의 영원한 재포착, 총체화의 끝없는 그러나 중단 없는 운동, 언제나 열려 있는 특정 기원으로의 회귀 그리고 마지막으로 역사적-초월적 주제를 든다(52~54; 66~69).

3) 대상 형성

담론 형성의 일반적 과정을 세심히 규정한 푸코가 다음으로 분석하는 것은 대상의 영역이다. 이 세상에 존재하는 모든 대상은 비시간적 본질을 갖는 초월적이거나 자연적인 실체가 아닌 **특정 시공간 내에서 구성된 사회적·문화적 구성물**이다. 이 장에서 선택된 예는 19세기 이후의 정신병리학적psychopathologique 담론으로 푸코가 『광기의 역사』에서 다루었던 주제이다. 푸코는 우선 대상 일반의 실존 법칙에 관련된 담론 분석의 규준을 다음과 같이 세 가지로 정리한다. ① **출현**의 최초 **표면**surfaces premières de leur émergence을 지표화해야 한다. ② **경계 획정 작용의 심급**instances de délimitation을 기술해야 한다. ③ **특수화의 격자**grilles de spécification를 분석해야 한다. 그러나 이러한 세 가지 분석 규준만으로는 담론적 대상을 적절히 묘사하기 불충분하다. "우리(서유럽) 사회의 특정 시대에 있어 비행非行이 심리학화되고 또 병리학화되었다면, 위반 행위가 특정한 지식의 대상으로 이루어진 계열을 탄생시켰다면, 이는 정신의학 담론 안에 **일정한 방식으로 규정된 관계들의 집합**이 설정되었기 때문이다." 달리 말하면 '광기'라는 동질적·자연적 대상이 정신의학 담론을 가능케 한 것이 아니라 거꾸로 19세기 이래 정신의학 담론 안에 설정된 의학적·법적·정치적·사회적·역사적 관계들의 복합체가 '광기'라는 대상을 구성한 것이다(54~61; 69~76). 이러한 인식에서 파생되는 결과는 다음과 같이 네 가지로 정리된다.

첫째, 하나의 담론 대상이 출현하기 위해서는 다양하고도 복잡하며 간단치 않은 조건들이 충족되어야 한다. 담론의 대상은 원초적이고도 본질적인 순수한 상태로 우리에게 포착되기를 기다리는 사물 그 자체가 아니다. 대상은 특정 시대의 특정 인간들에게 포착되기 이전에 '미리 현존하지 않는다.' 담론 대상은 **특정 관계의 복잡한 그물망이 갖는 실증적 조건들 아래**sous les conditions positives d'un faisceau complexe de rapports에서만 실제로 존재하게 된다. 나아가 이런 조건 아래에서 우리는 다음과 같은 사실을 잘 알고 있다. "사람들이 아무 때나 아무것에 관해 말할 수 있는 것은 아니며, 나아가 새로운 무엇인가를 말한다는 것도 결코 쉬운 일이 아니다." 이러한 인식은 다음 해인 1970년에 푸코가 콜레주 드 프랑스의 교수로 임명되면서 행했던 취임 강연인 '담론의 질서'에서 다음과 같이 명확한 형태로 정식화된다. 배제의 외부적 과정에서 "가장 명백하고 가장 친숙한 것은 역시 **금지**interdit이다. 우리는 우리가 모든 것을 말할 권리가 없다는 것, 우리가 아무 상황에서 아무 말이나 다 할 수는 없다는 것, 결국, 아무나 무엇에 대해서든 다 말할 수는 없다는 것을 잘 알고 있다."(『담론의 질서』, 21).

둘째, 이 다양하고 복합적인 관계들은 대상 속에 현존하는 것이 아니며 오히려 대상이 다양한 제도들, 경제적 및 사회적 과정들, 행위의 형식들, 규범 체계들, 기술技術들, 분류의 유형들, 특성화의 양태들 사이에서 형성되는 것이라 말해야 한다. 주의해야 할 점은 이러한 다양한 관계들이 대상 자체에 내재하는 것으로 가정된 어떤 합리성 혹은 내적 구성이 아닌 차이들, 환원 불가능성, 이질성, 곧 **외재성의 장** champ d'extériorité 속에 대상을 기입한다는 사실이다.

셋째, 푸코에 따르면 이러한 관계들은 다음과 같이 세 가지 관계들의 체계로 묘사될 수 있다. 우선 '일차적' 혹은 **현실적**primaires ou réelles 관계들의 체계는 다양한 제도들·기술技術들·사회적 형식들 사이에서 모든 담론 및 담론 대상과는 독립적으로 기술記述 가능한 관계들이다. 가령 19세기의 법률적 심급 혹은 범주 기능과 부르주아 가족 사이에는 그 자체로 분석할 수 있는 관계들이 존재한다. 다음으로 '이차적' 혹은 **반성적**secondes ou réflexives 관계들의 체계는 각 담론의 내부에 형식화된 관계들이다. 이렇게 해서 마지막으로 가능한 기술記述들에 의해 분절된 하나의 공간, 곧 '삼차적' 혹은 **담론적**discursives 관계들의 체계가 나타난다. 푸코가 다루는 것은 바로 이 삼차적 관계들이다.

넷째, 담론적 관계들은 담론에 내적인 것이 아니다. 하지만 담론을 제한하고 담론에 특정한 형식을 부여하는 이러한 관계는 담론에 대하여 외적인 것도 아니다. 말하자면 담론적 관계는 담론의 **극한**에 존재한다. 담론적 관계는 실제 담론의 가능조건으로 기능하는 관계들의 망을 결정한다. 담론적 관계는 실천으로서의 담론 자체를 특징짓는다.

담론적 관계의 특성을 이렇게 정의한 푸코는 이제까지의 논의를 다음처럼 **요약**한다. 우리가 물었던 것은 다음과 같은 질문이다. 이른바 '통일성'을 가진 것으로 가정되는 정신병리학 자체, 경제학 자체, 문법 자체, 의학 자체 등은 어떤 과정을 거쳐 **구성되는가?** ① 먼저 우리는 이른바 '통일성'을 말하는 주체에게 주어지는 것, 곧 '대상'의 특성에서 찾아보려 했다. 하지만 결국 우리가 도달한 것은 '담론 실천 자체를 특징짓는 관계'였다. 담론적 관계는 늘 **특정 실천에 내재적인 규칙들의 집합**이다. ② 다음으로 우리는 정신병리학 자체와 같은 표현에서 잘 드러나는 것처럼 정신병리학이라는 학문이 갖는 '통일성'에서 이러한 단위의 '실체'를 찾아보려 했다. 그러나 우리가 이를 통해 찾아낸 것은 이른바 '정신병리학'이 실은 특정 시공간 속에서 구성된 역사적·사회적 '통일성' 혹은 '단위'라는 사실, 곧 하나의 **유명론적**唯名論的

개념에 불과하다는 사실이다. ③ 사실 우리는 정신병리학이 끝없는 변화 속에 존재하는 하나의 분과 학문을 지칭하는 임시방편적 개념임을 안다. 이른바 정신병리학이 말하는 통일성은 그것의 대상에서도, 학문 영역에서도, 심지어는 그것들의 출현점 혹은 특성화 양식에서도 얻어지지 않는다. 정신병리학의 '통일성'은 사실 각각의 담론들로 구성된 다양한 **표면들의 관계 맺음**mise en relation des surfaces이 발생시키는 **표면 효과**에 불과하다. 정신병리학은 자신의 가능조건에 의해 구성된 하나의 결과, 생산물이다(61~64; 76~80).

결국 푸코의 목표는 이제까지 담론에 앞서 존재하는 것으로 가정되어 오던 대상, 곧 '사물'을 오직 담론 안에서만 소묘素描 가능한 대상의 규칙적 형성 작용으로 대체하는 것이다. 이 규칙적 형성 작용은 결코 사물의 '토대'에 호소하지 않으며, 사물을 담론의 대상으로 구성하는 규칙의 집합에 관련시키는 것이다. 이러한 치환, 관련시키기는 담론 대상의 역사를 만들어 낸다(65; 81). 이러한 작업에 대한 구체적·역사적 수행이 푸코가 『광기의 역사』, 『임상의학의 탄생』, 『말과 사물』에서 수행한 작업이다. 이미 지적한 것처럼 이러한 (고고학적) 작업은 '역사가 없는 것처럼 보이는 것이 실제로는 예외 없이 역사적으로 구성된 것'이라는 대전제 아래, 주어진 대상의 역사, 곧 주어진 대상의 **역사적 형성과정**을 밝히는 작업이다.

다음으로 푸코는 고고학적 기술 작업의 주요한 특성을 부정적인 방식으로 제시한다. 곧 담론 분석은 '의미 작용 signification'의 분석이 아니다. 곧 담론 분석은 어휘론적 조직화나 의미론에서 다루는 장의 분절 등에 대한 언어학적 분석이 아니다. 담론 분석은 주어진 특정 담론적 실천을 특징짓는 관계 맺음을 지표화하는 것이다. "우리는 주어진 특정 시대에서의 '우울증' 혹은 '착란 없는 광기'와 같은 단어들에 주어진 '의미'도, '정신병'과 '신경증' 사이의 내용상 대립도 문제 삼지 않는다." 그 결과 우리의 분석에는 "**사물** 자체와 마찬가지로 **말**도 존재하지 않는다." 경험의 생생한 충만성에의 호소와 마찬가지로 담론 분석에는 어휘에 대한 기술 또한 존재하지 않는다. 이때 '경험의 생생한 충만성에의 호소'란 현상학을 지칭하고 '어휘에 대한 기술'이란 언어학 혹은 구조주의 일반을 지칭하는 것으로 이들 양자에 대한 푸코의 거부를 뜻한다. 지식의 고고학은 현상학과 구조주의 모두를 거부한다. 그리하여 "우리는 담론 자체의 수준에 머물고자 한다." 이는 앞서 말한 담론 분석의 표면 효과를 의미하는 말이다. 담론 분석은 (결코 잠재적이거나 가능한 것을 다루지 않으며) 오직 실제로 발화된 담론들만을 분석한다. 담론 분석은 심층이 아닌 **표면**을, 잠재 혹은 가능이 아닌 **실제적** 실천과 그러한 실천이 발생시킨 **효과**만을 다룬다. 담론은 아리스토텔레스와 같은 '진리의 대응설', 달리 말하면 언어와 그 언어가 지칭하는 지시체, 곧 사물 사이의 대응·일치 여부를 살피지 않는다. "담론은 실재와 언어의 접촉 혹은 대면의 얇은 표면도, 하나의 어휘와 하나의 경험이 만들어 내는 얽힘도 아니다." 담론은 '실재의 말 없는 실존'도, '어휘의 규칙적 사용'도 추구하지 않으며 오직 '대상들의 체제'를 정의하고자 한다. '말과 사물'이란 담론들을 기호들의 집합으로서 다루지 않으며, 반대로 기호들이 말하고 있는 바로서의 대상들을 체계적으로 형성·구성하는 실천으로 간주하는 작업이다. 물론 담론은 기호들로 이루어져 있지만 단순한 기호의 사용 혹은 지시 기능의 활용 **이상**plus의 무엇이다. 담론 분석은 이 '이상', 이 무엇을 드러내야 한다 (65~67; 81~83).

4) 언표 작용 양태의 형성

우리가 추적해야 할 것은 언표 작용_{énonciation}의 법칙, 이들이 주체화, 곧 국지화되는 장소이다. 이 경우 'énonciation'을 '언표 행위'가 아닌 **언표 작용**이라고 번역하는 것이 중요한데, 이는 '언표 행위'라는 말이 여전히 그러한 행위를 수행하는 '주체'의 존재를 가정하는 듯한 뉘앙스를 풍기기 때문이다. 이에 반하여 언표 작용이란 용어는 정확히 이제까지 행위의 주체로 가정되어 왔던 무엇을 언표 작용이 발생시키는 특정한 **효과**, 결과로 간주하는 표현이다. 이때 담론 분석의 결정적 질문은 다음과 같은 것이다. "왜 **다른 담론이 아닌 바로 이 담론**인가?" 이제 언표 작용의 법칙은 다음과 같이 세 가지 질문을 낳는다. 말하는 주체는 누구인가? 주체의 이러한 담론을 가능케 한 제도적 정위는 무엇인가? 주체가 이러한 담론을 발화할 수 있었던 다양한 상황은 무엇인가?

첫째로 **누가 말하는가?**_{qui parle?} 모든 말하는 개인의 집합 안에서 이러한 종류의 담론을 취할 수 있는 **지위**地位, status를 부여받은 사람은 누구인가? 담론 분석이 수행하는 바와 같이 '말하는 주체'에 대한 질문에서 '말하는 주체의 위치 혹은 지위'에 관한 질문으로의 변형은 다음과 같은 변화를 불러일으킨다. 위치와 지위에 관한 질문은 '누가 말하는가?'의 문제를 '어디에서 말하는가?'의 문제로 변형시킨다. 이는 이전의 실체론적 질문을 **관계론적** 질문, 곧 **위상학적·정치적** 질문으로 변형시킨다. '누가 그러한 질문을 할 수 있는 지위를 부여받았는가'라는 질문은 다름 아닌 '누가 그러한 질문을 해도 되는가', '할 수 있는 **자격**qualification을 부여받았는가'라는 질문에 다름 아니다. 담론 분석은 말하는 주체의 자격 부여 과정, 자격 형성 과정을 분석한다. 자격 부여 과정은 실제로 자격을 부여하는 작용만 수행할 것 같지만, 실제로는 동시적·상관적으로 **자격 박탈** 곧 배제의 작용을 수행할 수밖에 없다. 이러한 자격 부여와 박탈의 결정, 곧 판단의 문제란 다름 아닌 '정치적' 문제일 수밖에 없다.

이 부분에서 푸코가 드는 예는 『임상의학의 탄생』(1963)에서 다루어졌던 주제, 곧 18세기 말 이래의 임상의학의 성립이다. 가령 환자가 미쳤는지를 말할 수 있는 사람, 곧 의사가 내린 판정의 옳고 그름을 말할 수 있는 자격을 가진 사람은 의사 자신이다. 그런데 이러한 자격 자체, 지위 자체는 누가 부여했는가? 바로 의사들의 공인받은 협의체이다. 그러면 의사들의 협의체를 공인해 준 사람들은 누구인가? 그것은 의사들 자신이다. 이들의 자격 여부에 대한 판단, 이들에 대한 관리·감독도 결국은 의학적 전문 지식이 있어야 가능하다. 결국 의사들의 권위는 스스로에게서 나온다. 이를 물론 부정적인 의미로만 이야기한 것은 아니다. 이는 인간사회 구성의 불가피한 조건이다. 그러나 그러한 조건 자체는 결코 하늘이 내려 준 불변의 원칙에서 나오는 것이 아니라 사회적·역사적 정치적으로 구성된 것이다. 따라서 우리는 이러한 구성 행위, 보다 정확하게는 구성 작용의 역사적 형성 과정을 추적하고 또 그럼으로써 그것들의 정당성 여부를 물을 수 있다. 가령 오늘날 대한민국에서 의사의 지위와 역할은 어떤 과정을 거쳐 다른 어떤 방식이 아닌 바로 이 방식으로 작동하게 되었는가? 어떻게 해서 그들은 오늘 대한민국사회에서 자신들이 수행하게 된 특수한 역할을 만고불변의 보편적인 인간 행위, **보편적 권리**에 기초한 것으로서 인식하게 되었는가?

둘째로 다양한 **제도적 정위들**emplacements institutionnels을 탐색해야 한다. 특정 담론의 장에 속하는 개별 주체들은 이 다양한 제도적 정위들로부터 자신들의 담론을 취하고, 담론 역시 자신의 합법적 기원과 작용점을 발견해 내기에 이른다. 가령 서구의 경우 의사들이 속한 구체적인 제도적 정위들은 다음과 같다. 일정한 방식으로 코드화, 체계화, 위계화, 분화된 일련의 인물 및 제도에 의해 유지되는 장소로서의 병원, 사적인 다양한 실천들, 실험실, 마지막으로 우리가 '도서관' 혹은 '자료 보관을 위한 장'이라 부를 수 있는 것 그리고 이 모든 것들이 이루어지는 병이 출현하는 곳으로서의 장場, 장소 등이 그것이다.

셋째로 주체의 위치는 다양한 영역 및 대상 집단과 관련하여 주체가 처할 수 있는 **상황**situation에 의해서도 정의된다. 이때의 '상황'은 지식 고고학의 특정 지층이 만들어 내는 지식의 장, 그물망이라고 보아야 한다. 즉 주체는 아무렇게나 아무 때나 아무에게나 아무 질문이나 던지고 또 대답을 들는 존재가 아니라, '명시적 혹은 암묵적인 물음들로 구성된 **특정 장場**에 따라 물음을 던지고 특정 정보 프로그램에 의해 그 대답을 듣고 해석하는 주체'이다(68~72; 83~87). 이미 18세기 말에 칸트가 이룩한 인식론의 '코페르니쿠스 혁명'에서 잘 밝혀진 것처럼, 인식은 그것을 가능케 하는 특정 인식틀 없이 불가능하다. 따라서 이미 어떤 인식이 존재하고 있다면, 그것은 객관적이고 공정한 '있는 그대로의' 인식이 아니라 어떤 특정한 인식틀, 프레임에 의해 선택되고 해석된 인식이다. 가령 어떤 의사가 실험을 하고자 특정 기관에 과제를 신청할 때 그는 자신이 관심 없는 것, 학계가 주목하지 않을 것, 나아가 심사에서 선정되지 않을 실험을 선택할 리는 없다. 이런 관점을 인류 전체로 확대해 보면 인간은 인간이 관심 없는 것, 자신의 관심과 이해에 합치하지 않는 것에 대한 지식을 발전시키지는 않는다. 실은 자연과학마저도 자연 그 자체에 대한 묘사가 아닌, 자연을 인식하는 인간의 관념틀을 통한 묘사이다. 자연과학은 자연 그 자체가 아닌 자연을 인식하는 인간의 관념에 대한, 관념에 따른 묘사이다. 이것이 니체가 말하는 모든 지식의 '인간적인, 너무나 인간적인' 본성일 수밖에 없다. '자연'은 이른바 자연적 대상이 아니라, 바로 이런 혹은 저런 특정 방식으로 구성된 '자연'에 대한 관념이다. 한 문명이 자연을 어떻게 바라보느냐는 질문은 그 문명이 자연/문명의 쌍, 그리고 양자의 관계를 어떠한 방식으로 설정하느냐는 질문에 다름 아니다.

가령 우리말의 '자연自然'은 서양어 'nature'를 19세기의 일본 메이지明治 시기에 학자들이 번역한 것을 우리말 현대 한국어의 음가音價로 읽은 것이다. 전통 중국과 조선에서 오늘날 자연과학의 자연을 의미하는 용어는 '천지天地'였다. 그렇다면 자연은 천지와 같은 의미일까? 자연은 우월하고 천지는 열등한 것일까? 아니면 자연과 천지는 완전히 대등한 상대주의적 개념일까? 자연 그 자체는 따로 있는데, 이름만 'nature', 자연, 천지 등으로 다르게 부르는 것일까? 과연 그럴까? 또 그렇다면 의학, 생명, 과학, 진리는 '있는 그대로의 진리들'일까? 자연과학은 있는 그대로의 자연에 대한 과학일까? 이는 모두 순진한 생각이다. 이 모든 것이 실로 내가 주장하는 **대한민국 학문의 메이지 효과**이다. 이 책에 나타난 푸코의 논의가 적용되어야 할 곳은 바로 이러한 사유이며,

마찬가지로 오늘날 우리가 푸코를 읽어야 할 필요성과 적실성 역시 바로 이러한 점에 있다.

푸코는 이 부분에서 『임상의학의 탄생』의 주장을 담론 분석의 틀 아래 다시금 반복한다. 서구에서 18세기 말과 19세기 초, 곧 '근대' 이래로 의학의 방법론과 지위는 근본적으로 변화했다. 이러한 변화의 근본 원인은 (일정한 쇄신이 전혀 없는 것은 아니지만) 인식론적 혹은 제도적 쇄신, 새로운 관찰의 결과로 이해되어서는 안 된다. 담론 분석은 '의학의 진보'를 가져온 '구성적 의식conscience constituante' 혹은 '정초적 행위acte fondateur'를 합리성의 일반 지평으로 요청하지 않는다. 임상의학의 탄생은 일련의 근본 요소들 사이의 배치가 바뀐 결과로 새롭게 탄생한 것, 새롭게 구성된 것이다. 19세기의 전환기에 일어난 임상의학의 탄생은 기존 의학의 어떤 부분이 '부분적으로' 갱신·쇄신된 것이 아니라, 근본적인 인식틀 자체가 변화하여 새롭게 탄생한 결과물이다. 19세기에 있었던 서구 임상의학의 탄생은 **담론장 전체의 변형**으로 가능해진 사건이다. 이는 기존 합리성의 어떤 부분에 쇄신이 일어난 것이 아니라 **합리성의 일반적 지평 자체가**

변화한 것으로 이해되어야 한다. 이제 주체와 연관하여 이를 바라보면 이러한 합리성 지평의 변형이 언표 작용의 다양한 양태들을 주체의 통일성에서 분리해 이해할 수 있게 해 줌을 알게 된다. 언표 작용은 주체의 통일성을 자기 존립의 전제로 요구하지 않으며, 오히려 주체를 언표 작용의 **결과**로 바라볼 것을 요청한다(72~74; 87~89).

이제까지의 논의를 정리하면 다음과 같다. 언표 작용의 분석은 '주체 자체'와 '대상 자체' 및 그 사이에 '통일성을 부여하며 종합하는 기능 자체'라는 삼위일체의 삼항三項 모두를 부정한다. 주체의 개념은 의식의 독자적인 종합 활동에 의존한 개념이다. 담론 분석은 하나의 실체로 가정된 '주체' 의식의 우월성이 아닌 주체성의 다양한 위치들이 빚어내는 규칙의 장을 추적한다. 담론은 '사유하고 인식하며 말을 하는 주체가 절대적으로 전개된 현시'가 아니다. 정확히 그와 반대로 담론은 '주체의 분산 및 자기 자신과의 불연속이 그 안에서 규정되는 일군의 집합'이다. 담론은 구분 가능한 정위들의 망이 펼쳐지는 외재성의 특정 공간un espace d'extériorité이다. 특정 담론 형성의 고유한 대상들의 체제régime는 '말'

에 의해서도, '사물'에 의해서도 이루어지지 않는다. 이와 정확히 동일한 논거에 의해 언표 작용의 체제는 '초월적 주체 sujet transcendantal'에 의해서도, '심리학적 주체성 subjectivité psychologique'에 의해서도 이루어지지 않는다(74; 89~90).

이상 푸코의 논의를 나의 용어로 다시 정리하자면 다음과 같다. 푸코는 세 개의 실체로 구성된 초시간적인 '주체-대상-인식 Sujet-Objet-Connaissance'이라는 기존의 방식을 **'주체화 과정-대상화 과정-인식 과정** subjectivation-objectivation-épistémologisation'이라는 세 항이 관계된 동시적 형성 과정으로 바라본다. 또한 시공을 초월한 것으로 가정되는 기존의 '실체관'을 부정하고 모든 것이 특정 시공간 안에서 (특정 관계들의 얽힘 안에서) 형성되었다는 **관계론적 생성론**을 지지한다. 푸코가 '나는 지도도 달력도 없는 것에 대해서는 말하지 않는다'고 한 것은 바로 이런 의미로 이해되어야 한다.

5) 개념의 형성

푸코는 이 절에서 개념의 형성에 대해 논의한다. 담론 분석은 이상과 같은 논리로 개념들이 나타나고 작동하며 사라지는 개념들의 체제, 장을 묘사하고자 시도한다. 찾아내야 할 것은 이처럼 언표들이 나타나고 순환하는 장의 조직화organisation du champ d'énoncés 방식이 보여 주는 특성들이다.

첫째 우선 언표장의 조직화는 **계기의 형식들**formes de succession을 가진다. 이는 다음과 같은 것들을 기술해야 한다. ① **언표 계열들의** 다양한 **좌표화**divers ordonnances des séries énonciatives, ② **언표의** 다양한 **의존 유형들**divers types de dépendance des énoncés, ③ 우리가 그것을 따라 언표들의 집합을 **조합할** 수 있는 다양한 수사학적 **도식들**divers schémas rhétoriques selon lesquels on peut combiner des groupes d'énoncés. 이 부분에서 푸코가 드는 예는 『말과 사물』에서 다루었던 박물학博物學, histoire naturelle이다. 고전주의 시대의 '박물학'은 16세기의 '박물학'이나 근대의 '생물학'과는 전혀 다른 개념을 사용한다. 무엇보다 중요한 것은 이들 각각이 단순히 서로 다른 개념을 사용한다는 점에 그치지 않으며, 그들 사이에 전혀 다른 의미 작용의 망이 작동한다는 사실이다. 19세기 이후 서구에서 탄생한 이른바 생물학의 생명bio 혹은 생물학biologie 개념은 이전 시대에는 존재하지 않았던 것들이다(그렇다면, 비서양인으로서 'biologie'를 일어 '生物學'의 현대 한국어 음가音價인 '생물학'으로 읽고 사용하는 우리는 다음과 같은 질문을 던져 보아야 하는 것이 아닐까? 'biologie'는 일본어 '生物學'인가? 'philosophie'는 '哲學'인가? 'truth'는 '眞理'인가?). 19세기에 와서 수정된 것은 모든 박물학을 가로질러 모든 개념의 출현과 회귀를 지배하는 것, 곧 언표들의 일반적 배치 방식, 규정된 총체로서 간주된 언표들의 계열화 방식이다. 변화한 것은 학문 혹은 합리성의 어떤 특정한 부분 혹은 방식이 아니라 학문의 구성방식 혹은 합리성의 배치 방식 자체, 곧 '언표들을 계열화하는 규칙들의 집합 자체'이자 '그 안에서 개념으로서의 가치를 지닐 수 있는 반복적 요소들이 분배되는 의존·질서·계기가 만들어내는 강제적 도식들의 집합'이다(75~76; 90~92).

둘째, 마찬가지로 언표장言表場의 형태는 **공존共存의** 형식 formes de coexistence을 포함한다. 공존의 형식은 다시 다음과 같은 세 개의 장 혹은 영역을 가진다. ① **현존現存의 장**champ de présence. 형식화된 언표들은, 물론 거부된 언표들을 포함하는 이 현존의 장 안에서 확립된 관계들은 다양한 질서에 참여한다. 이 관계들은 명시적인 것일 수도 암묵적인 것일 수

116

도 있다. 가령 근대 이후 이른바 '생물학'이라 불리는 것은 르네상스 시대의 담론 및 고전주의의 담론에서는 각기 전혀 다른 규칙을 따르는 별개의 담론들로 존재했을 뿐이다. ② **병존竝存의 장**champ de concomitance. 이는 주어진 담론과 동시적으로 존재하지만 전혀 다른 영역을 갖는 담론들을 의미한다. 가령 린네와 뷔퐁의 시대에 박물학이 보여 주는 병존의 장은 우주론, 땅의 역사, 철학, 신학, 성서, 성서의 주석서, 질서의 학으로서의 수학이라는 매우 이질적인 담론들로 이루어져 있었다. ③ **기억의 영역**domaine de mémoire. 이는 더 이상 받아들여지지도 논의되지도 않으며, 따라서 결과적으로 더 이상 진리 혹은 유효성의 영역을 정의하지 않는 관계, 그러나 그럼에도 불구하고 이와 관련되어 계보, 발생, 변형, 역사적 연속성과 불연속성의 관계들이 수립되는 언표들이 발생시키는 관계들의 망을 지칭한다(77~78; 92~93).

마지막으로 우리는 언표에 합법적으로 적용 가능한 **간섭 절차들**procédures d'intervention을 정의해야 한다. 이러한 간섭의 절차들은 다음과 같이 다양한 장소에서 나타날 수 있다. ① 다시 쓰기의 기술, ② 옮겨 쓰기의 방식, ③ 번역의 양식,

④ 언표들의 개산概算 증폭을 위한 방식, ⑤ 언표들의 유효성 영역에 대한 제한 방식, ⑥ 언표 유형의 이전 방식, ⑦ 명제들의 체계화 방식, ⑧ 언표들의 재분배 방식. 이 경우 모두에서 개념적인 형성 과정의 체계를 구성하는 것은 이 관계들의 집합이다. 담론 분석은 특정 관계들의 집합 안에서 언표들이 어떤 도식에 따라, 어떤 유형의 담론 안에서 서로 연결되는가를 결정하려는 작업이다. 담론 분석은 미리 가정된 어떤 주체·대상·학문적 단위도 전제하지 않으며, 거꾸로 오직 이러한 것들을 주어진 특정의 **익명적 분산 작용**dispersion anonyme이 발생시키는 효과들로 바라본다(78~81; 94~96).

이러한 익명적 분산 작용을 기술하려는 담론 분석은 어떤 개념도 이미 확정된 실체로 간주하지 않기 때문에 **전前-개념적**préconceptuel **수준**, 곧 개념들이 공존하는 장 및 그것이 따르는 규칙들의 수준에 연관된다. 푸코가 이 부분에서 드는 예는 『말과 사물』에 등장하는 17세기 고전주의 시대의 '일반문법'인데, 이때 제시된 귀속attribution · 분절articulation · 지시désignation · 파생dérivation이라는 네 가지 '이론적 도식'은 실제로 당시 사용되었던 개념도 아니고, 그것을 가능하게 해 주었던 체계도 아니다. 이러한 네 가지 이론적 도식은 다음과 같은 네 가지 질문 혹은 기능을 파생시킨다.

① 서로 다른 문법적 분석들이 어떻게 질서를 부여받고 또 전개될 수 있는가? 이 '가능한 질서들'은 이론적 도식들 사이에서 지표화 가능한 특정 의존 관계에 의해 세밀히 규정된다. 즉 특정 방식으로 현실화된다. ② 일반문법은 어떻게 타당성validité의 영역을 정의하는가? 어떻게 규범성normativité의 영역을 구성하는가? 현동성現動性, actualité의 영역을 구성하는가? 앞서 제시한 특정 의존 관계는 자신만의 고유한 타당성 영역을 규정한다. ③ 일반문법은 보편 수학 Mathesis, 재현 작용에 관한 철학적 분석 및 기호의 이론, 박물학, 특성화 및 분류학의 문제들, 부富의 분석 및 측정과 교환에 관련된 자의적 기호의 문제들과 어떤 관련을 맺는가? 네 가지의 이론적 선분으로 구성된 망網이 개념 형성의 특정한 규칙적 공간을 그려 준다. ④ 동사 'être', 음성학적 의미소들, 고유명사, 시원적 언어의 개념들 등으로 대표되는 귀속·분절·지시·파생의 다양한 개념들은 각기 어떻게

동시적 혹은 계기적으로 가능했는가?

　요약하면 앞서 살펴본 '전-개념적' 수준은 결코 정초적 행위와 관련된 관념성의 지평에도, 추상화 작용의 발생에도 근거하지 않는다. 이 수준은 철저히 역사적인 동시대의 표면 효과를 따르므로 어떤 '초월적인' 아프리오리a priori가 아니다. 담론 분석은 담론 아래에 놓여 있는 어떤 심층적 수준이 아닌, 오직 **담론 자체의 수준에서** 문제를 제기한다. 담론 분석은 담론의 일정한 상수常數를 개념의 관념적 구조에 덧붙이는 것이 아니라, 오히려 담론의 내적 규칙성에서 출발하여 개념적 망을 기술한다. 이제 무한 소급되는 궁극의 '기원' 혹은 소진 불가능한 '지평'은 더 이상 필요하지 않다. 따라서 담론 분석이 추적하는 것은 역사적으로 구성된 언표들의 장, 곧 **역사적 아프리오리**a priori historique일 뿐이다. 따라서 역사적 아프리오리는 어떤 '정신'이나 '의식'도 필요로 하지 않는다. 역사적 아프리오리는 모든 영역을 가로지르는 '보편적 타당성'을 추구하지 않으며 오직 특정 시공간 내에서 추적 가능한 **국지적인**local 규칙·지식만을 탐구한다. 따라서 역사적 아프리오리는 개념들의 이질적인 복수성을 받아들인다. 역사적 아프리오리는 동질성과 정체성에 기초하여 다양성과 이질성을 설명하는 것이 아니라, 거꾸로 이질적 다수성에 기초하여 동질성과 정체성을 설명해 낸다 (81~84; 96~100).

플라톤의 말과는 달리, 허깨비는 다양성과 이질성이 아니라 오히려 동질성과 정체성이다. 다양하고도 이질적인 요소들로 구성된 특정 그물망이 특정 유형의 동질성과 정체성을 탄생시킨다. 이러한 동질성과 정체성을 나타내는 대표적인 철학 용어가 바로 '보편성'이다. 이제 우리는 이렇게 물을 수 있다. 보편성이라는 관념은 언제 어디에서, 어떤 조건 아래에서 형성되었는가? 보편성은 시간과 공간을 초월한 것이 아니다. 달리 말해 보편성은 보편적이지 않으며 오직 역사적·정치적·문화적으로 구성된 하나의 관념일 뿐이다. 우리는『광기의 역사』와 마찬가지로『보편성의 역사』를 써 볼 수 있을 것이다.

6) 전략의 형성

푸코는 이제까지 관습적으로 '주제' 혹은 '이론'이라 불려 왔던 것을 **전략**stratégies이라는 이름 아래 재규정할 것을 제안한다. 이 경우 관건은 전략이 역사 속에서 어떻게 분배되었는가를 아는 것이다. 핵심은 다음과 같은 푸코의 언명에 나타난다. 전략의 역사적 분배에 대한 분석 작업에서는 "다른 담론 영역에서는 담론 형성 과정을 모든 차원에서 그리고 각각에 고유한 특성에 따라서 **매번 새롭게** 기술하는 것이 문제"이다. 담론 분석은 매번 새롭게 일정한 규칙성을 발견하고자 노력하지만, 이때의 규칙성은 개별 상황을 초월하는 보편적 규칙성이 아닌, 특정 담론의 특정 규칙성이다. 담론 분석의 세계에는 특정 영역의 특정 규칙성들만이 존재할 뿐, 이들을 가로지르는 메타적·보편적 규칙성이 부재한다. 반복 불가능하고 일회적 고유성만을 갖는 '사건'을 일반화·보편화해서는 안 된다. 따라서 매 사건은 매번 새롭게 규정되고 분석되어야 한다. 서구의 경우 전통적 이론에서 이러한 보편성들의 보편성, 혹은 보편성 자체는 다름 아닌 '신'이었다. '신은 죽었다'고 말한 니체의 길을 따라 푸코는 이제 이렇게 말하고 있는 듯하다. "보편성은 죽었다." 이 말은 물론 신이나 보편성이 어디 살다가 죽었다는 말이 아니다. 신이나 보편성으로 대표되는 기존의 자기 동일적 실체, 곧 '보편성' 개념은 특정 시공간의 특정 담론이 만들어 낸 '효과'이다. '보편성/특수성'의 개념쌍이 먼저이고 실제 개별자들이 이후에 존재하는 것이 아니라, 다수의 이질적 개별자들이 만들어 낸 **효과**가 보편성/특수성이라는 개념쌍이다. 다시 한 번, 플라톤의 말처럼, 실체가 보편자이고 허깨비가 실제 사물인 것이 아니다. 오히려 우리는 니체를 따라 보편자야말로 허깨비이며, 하나의 담론 효과에 불과한 것이라고 말해야 한다.

푸코는 '전략'과 관련하여 다음과 같은 세 가지 탐구의 방향을 지적하고자 한다.

첫째, 담론의 가능한 **회절점**回折點, points de diffraction을 결정해야 한다. 이 점은 다시 다음과 같은 세 가지 점들로 구분된다. ① **양립 불가능성**의 점points d'incompatibilité. 두 개 이상의 담론이나 대상이 명백한 모순 혹은 자가당착과 함께 하나의 담론 안에 출현할 수 있다. ② **등가성**의 점points d'équivalence. 양립 불가능한 두 요소가 '또는~ 또는~'과 같은 방식으로 동일한 수준에서 나타날 수 있다. ③ **체계화**의 연결점points d'accrochage d'une systématisation. 등가적인 동시에 양립 불가능한 각 요소로부터 출발해 하나의 특정한 계열이 유도될 수 있다. 우리는 이를 '분배의 통일성'이라 기술할 수 있다. 분배의 통일성은 가능한 '선택의 장'을 열고 다양한 동시에 상호 배제적인 건축물들이 나란히 혹은 차례로 자신의 역할을 맡도록 해 주는 것이다.

둘째, 그러나 모든 가능한 놀이가 실현되는 것은 아니므로, 실현될 수 있는 모든 것 중에서 실제로 실현된 선택을 설명하기 위해 '결정 작용의 특수한 심급instances spécifiques de décision'을 기술해야만 한다. 각각의 결정 작용은 매번 다른 특정 심급들을 가진다. 무엇보다도 먼저 연구된 담론이 같은 시대에 이웃해 있는 담론들과의 관련 아래 행하는 '역할'을 이해하기 위해서는 **담론적 별자리**星座 **체계**économie de la constellation discursive를 연구해야 한다. 담론 형성은 본질적으로 성간 형태로 존재하며, 이는 그것이 갖는 '전략적 선택의 형성 체계système de formation de ses choix stratégiques'의 특성에 따르는 것이다. 따라서 "주어진 하나의 담론 형성이 새로운 별자리 안에서 다시 취해지고, 다시 놓이고 또 그렇게 해석될 경우 새로운 가능성을 출현시킨다." 따라서 관건은 '새로운 담론적 별자리 안으로의 삽입에 의한' 수정, 곧 '배제와 선택의 가능성에 관한 원리'의 수정이다.

셋째, 잠재적이거나 가능한 것으로 남은 것이 아닌, 실제로 현실화된 이론적 선택의 결정은 또 하나의 심급을 요청한다. 이 '또 하나의 심급'은 다음과 같이 세 가지 기능에 관련된다. ① 우선 이 심급은 하나의 담론이 **비非담론적 실천의 장 안에서 수행해야 하는 기능**la fonction que doit exercer le discours étudié dans un champ de pratiques non discursives과 관련된다. ② 다음으로 이 심급은 담론의 **전유專有 체제 및 과정**le régime et les processus d'appropriation du discours을 포함한다. ③ 마지막으로 이 심급은 **담론과 관련된 욕망의 가능한 위치**les positions possibles du désir par rapport au discours에 의해 특징지어진다. 요약하면 하나의 담론 작용은 어떤 것과 관련해서도 결코 외재적 혹은 중립적일 수 없으며, 반대로 오직 담론 자체의 수준에서 작동한다 (85~91; 100~106).

하나의 담론 형성formation discursive은 그것이 전개되는 다양한 전략 형성의 체계système de formation des différentes stratégies가 정

의될 수 있을 때 개별화·구체화된다. 말하자면 대상의 형
성을 말 혹은 사물과 연관 지을 필요가 없는 것처럼 언표
작용의 형성을 인식의 순수형식 혹은 심리학적 주체와 연
관 지을 필요는 없다. 마찬가지로 개념의 형성을 관념성
의 구조 혹은 관념들의 계기succession와 연결 지을 필요가 없
는 것처럼 이론적 선택의 형성을 어떤 근본적 **기획**un projet
fondamental 혹은 **의견**의 부차적 놀이jeu secondaire des opinions와 연
결 지을 필요도 없다(91~93; 106~109).

7) 고찰 및 결과

이 부분에서 푸코는 이제까지의 논의를 정리하면서 몇
가지 가능한 반론과 향후 고찰해 보아야 할 것들에 관해 이
야기한다.

우선 이제까지 확인된 것은 통일성을 가진 것으로 가정
되던 기존의 단위들이 모두 **분산 작용**dispersion에 기초하여 **구
성된 것**이라는 사실이다. 하지만 이러한 분산 작용은 일반
의 오해처럼 무한하고도 완전한 상대주의로 나가지는 않
는다. 가령 우리가 하나의 분산 작용에 대해 그것의 간극,

갈라짐, 틈, 얽힘, 중첩, 양립 불가능성, 대체 작용, 치환 작용 등과 함께 대상, 언표 작용, 개념, 이론적 선택을 특정 규칙으로 규정할 수 있을 때, 우리는 그것의 고유성을 기술할 수 있을 것이다. 이처럼 우리가 그것의 고유성과 그것을 지배하는 규칙을 기술할 수 있을 때, 하나의 분산 작용은 자신만의 공간, 곧 자신만의 고유한 **담론 공간**을 가진다. 물론 여기서 중요한 점은 푸코의 세계에는 이렇게 구성된 각각의 담론 공간들을 가로지르는 메타 담론 공간이 존재하지 않는다는 사실이다.

만약 이들을 가로지르는 어떤 메타 공간이 존재한다면 그것은 각각의 개별 공간들을 가로지르는 보편적이고도 초월적 공간, 곧 '신' 혹은 '보편성'에 다름 아닐 것이며, 이때 푸코의 사상 체계는 붕괴될 것이다. 그러나 지식의 고고학은 바로 '신'이나 '보편성' 혹은 '초월성'이란 관념 자체를 특정 분산 작용, 곧 자신만의 고유한 규칙을 갖는 또 하나의 담론 공간(혹은 그것이 발생시키는 효과)에 불과한 것으로 바라보자는 제안이다. 앞서 살펴본 것처럼 푸코는 이처럼 모든 공간을 가로지르는 메타적이고도 초월적인 지평을 '보편성universalité'이라 지칭하고 이와 대비하여 특정 공간에만 유효한 구체적 특정성을 **일반성**généralité이라 부른다. 말하자면 일반성은 '특정 상황 안에서만 타당한 보편성'이다. 하지만 보편성이라는 단어를 이렇게 정의한다는 것은 보편성이라는 용어의 용법에서 볼 때 실로 모순이다. 왜냐하면 보편성이라는 단어는 전통적인 서양의 사유에서 글자 그대로 '특정 영역에 한정되지 않는' 상위의 메타적인 규정을 의미하는 말이었기 때문이다. 말하자면 보편성은 본질적으로 하나다. 만약 두 개의 보편성이 있다면 그것은 그들 각각이 특정 영역 내에서만 타당한 상대적 보편성들임을 의미하게 되는데, 철학에서는 이렇게 상대성을 갖는 무엇인가를 보편적인 것이라고 부르지 않기 때문이다. 결론적으로 푸코는 어떤 종류의 보편성도 인정하지 않는다. 오히려 푸코의 모든 기획은 시공을 초월한 이른바 유일한 '보편성'이 실은 특정 시공간 내에서 구성된 하나의 역사적·문화적 결과물에 불과함을 드러내려는 작업이다. 따라서 푸코의 평생에 걸친 작업은 자신의 말처럼 **모든 종류의 보편성에 대하여 이의제기**contestation**를 수행하려는 작업**이다. 이때 '보편성'은 서구에서 시대에 따라 신, 섭리, 은총, 자연, 당연, 이념, 필연성, 필증성, 절대성, 객관성, 중립성 등의 다양한 용어로 표현되어 온 무엇, 한마디로 말하자면 '진리'이다. 푸코는 이른바 '진리'가 시공을 초월하는 절대 진리가 아니라 시공 안에서 구성된 특정한 의미 맥락과 효과를 발생시키는 하나의 고유명사임을 말하는 것이다. 따라서 푸코는 철학사를 **진리의 정치적 역사**histoire politique de la vérité라고 부른다. 철학사는 '정치적 진리의 정치적 역사'일 따름이다.

  푸코가 이처럼 **보편성 개념의 파괴**에 주력하는 이유는 그것이 인식 주체의 외부에 객관적으로 존재하는 어떤 '절대적' 진리, 시공을 초월하는 보편적 '진리'의 존재를 가정하고 있으며, 그러한 진리는 가히 절대적 진리이므로 개별적 상황과 맥락에 무관하게 기계적으로 적용 가능하다는 생각(혹은 그렇게 적용될 수 있고 또 그렇게 적용되어야만 한다는 생각)에 반대하기 때문이다. 단적으로 푸코가 보편성 개념의 파괴에 주력하는 이유는 그것이 **현 상태의 변화 불가능성에 대한 최종적 근거**, 곧 **철학적 보증**으로 작용하기 때문이다. 이는 곧 보편성이 이른바 '현실'에 대한 지배적 해석의 정당성을 뒷받침하는 철학적 근거로 작용하고 있다는 것을 뜻한다. 따라서 푸코의 주장은 이러한 '보편성' 개념을 파괴하지 않고서는 우리가 현실에 대한 새로운 해석을 제시할 수도, 변형시킬 수도 없다는 사실의 깨달음에서 기초한 것이다. 가령 유럽 중세의 왕은 —하느님의 역사役事하심을 받은— 교황의 인가를 받은 존재이다. 따라서 왕은 (설령 그가 상상을 불허하는 간악한 폭군이라 하더라도) 하느님의 역사하심의 결과이다. 따라서 이 경우 왕에 대한 반항은 원리적으로 하느님과 그의 섭리에 대한 반항으로 이해된다. 이 왕 혹은 저 왕을 타도하는 것은 가능하지만, 왕정 자체는 그것이 신의 변화 불가능한 섭리에 의한 것인 한 타도할 수가 없다. 이는 '진리'가 이른바 '현실'의 **정당성에 대한 보증**으로 기능하고 있음을 의미한다. 따라서 18세기 말의 프랑스혁명과 그에 따른 봉건제도의 폐지는 그 이전에 한 세기 동안 펼쳐진 프랑스 계몽주의자들에 의한 무신론적 작업이 전제되지 않으면 불가능한 사건이었다. 18세기 프랑스의 무신론적·혁명적 계몽주의자들은 왕을 보증하는 교황과 교황을 보증하는 하느님이 지배하는 세계에 하느님의 부재 증명을 내놓았던 것이다. 프랑스혁명은 이 왕을 타도하고 다른 왕을 세운 것이 아니라 이 왕의 타도와 동시에 봉건제도 자체를 타도한 것이다. 왕정의 폐지는 공화제의 설립으로 이어진다. 따라서 1789년의 프랑스혁명은 이런 저런 또 하나의 혁명이 아니며 혁명 중의 혁명, 곧 **혁명 자체**la Révolution, the Revolution로 불린다(메이지 지식인들은 이를 '대혁명大革命'이라 번역했다). 푸코의 논리에 따르면 구체제와 프랑스혁명은 단순한 정권 교체나 난亂이 아니라 하나의 혁명, 곧 기존 담론 형성의 장 자체가 혁파되고 이전과는 전혀 다른 새로운 담론 형성의 장이 설립된 하나의 거대한 역사적 **변형 작용**transformation historique을 가져온 하나의 '사건'이다.(따라서 푸코는 사건으로서의 '혁명' 개념 자체에 대해서도 담론 분석을 수행한다. 혁명은 특정 시공간 안에서 구성되어 특정 의미 맥락과 효과를 발생시키는 하나의 고유명사이기 때문이다.)

다시 『지식의 고고학』으로 돌아가자. 그렇다면 보편성이 아닌, 특정 담론 작용 안에서 규칙화가 가능한 '일반성'은 어떻게 얻어지는가? 이러한 전략적 선택은 어떻게 규정해야 하는가? 만일 어떤 통일성 혹은 단위가 존재한다면,

그것은 다른 어떤 형성이 아닌 바로 이 형성을 '가능케 해 주는 동시에 규제하는' 일련의 **체계들**이 존재하는 한에서이다. 이러한 형성 체계들은 다소 이질적인 요소들 사이의 병치·공존·상호작용·담론 실천에 의한 관계 맺음이라는 네 가지 체계를 (혹은 차라리 관계들의 네 가지 그물망을) 포함한다. 이제 이러한 네 가지 **형성의 체계**systèmes de formation에 대해 구체적으로 알아보자.

첫째, 전략적 선택의 가능성은 개념들의 놀이 안에 존재하는 발산의 지점들에 의해 규정되고, 개념들은 언표들 사이의 공존의 형식으로부터 형성되며, 언표 작용의 제반 양상은 주어진 배치 안에서 요소들이 차지하는 위치에 의해 기술이 가능하다. 이들 각각의 수준은 어떤 독립적이고 실체적인 무제한의 단위가 아니다. 이들 사이에는 **관계들의 특정한 위계**toute une hiérachie de relations가 존재한다.

둘째, 형성 체계들은 외부에서 부과되는 것이 아니며 오직 담론적 수준 자체, 곧 그 안에서 어떤 다른 방식이 아닌 바로 그러한 방식으로 하나의 담론을 실존하게 만드는 규칙들이 규정되는 극한limite, 경계frontière 위에 머문다. 따라서 우리는 형성 규칙을 **규칙으로 기능하는 관계들이 만들어 내는 복합적 망**un faisceau complexe de relations qui fonctionnent comme règle으로 정의할 수 있다. 따라서 담론 형성은 어떤 경우에도 시간을 멈추고 모든 시공간을 가로지르게 될 어떤 보편적이고 초월적인 무엇인가를 추구하지 않는다. 담론 형성은 오직 시각적인 특정한 과정에 고유한 규칙성만을 정의하고자 노력할 뿐이다. 지식의 고고학이 그려 내는 세계는 '달력도 지도도 없는 것'이 전혀 존재하지 않는 세계다. 담론 형성은 플라톤적인 시간을 초월한 형상形相, forme intemporelle, *eidos*이 아닌, '다양한 시간적 계열들 사이에 존재하는 상응의 도식schème de correspondance entre plusieurs séries temporelles'만을 그려 내고자 한다.

셋째, 이러한 담론 형성의 체계 혹은 도식은 어떤 '최종적 상태 혹은 결과'가 아니다. 차라리 그러한 결과를 발생시키는 **전前 최종적 규칙성**régularités préterminales이라 부를 수 있다. 여기서 중요한 것은 이러한 전前 담론적인prédiscursives 것마저도 담론 형성의 체계에 속한다는 사실을 기억하는 것이다. 전 담론적인 것은 담론화되기 이전에 우리에게 인식될 수 없다. 이는 마치 말로 설명하기 이전의 '꿈 그 자체'란 없으며, 설령 그런 것이 있다고 해도 그것이 언어로 발화되기 이전에는 아무도 그것을 알 수 없다는 말이다. 이는 실제 담론으로 발화되기 이전의 것마저도 하나의 담론, 더 정확히는 특정 담론 형성 체계의 일부로 간주하는 태도이다. 말되어지지 않은 것le non dit과 말 되어진 것le dit은 같은 층위에 속한다. 이처럼 "우리는 담론의 차원에 머무른다On demeure dans la dimension du discours"(94~101; 109~116).

3. 언표와 문서고

1) 언표의 정의

푸코는 독자들에게 이제까지 자신이 검토하여 거부한 방법론적 가설들을 하나씩 열거한다. 담론 분석은 책과 작품이라는 전통적 단위들, 형식적 조직화와 병행하는 담론의 구성 법칙, 문맥과 그것의 심리학적 핵을 전제하는 주체의 상황, 경험의 최초의 토대, 인식의 선험적 계기를 분명히 거부한다. 그 대신 담론 분석은 대상 출현의 체계, 언표 작용 양태의 출현과 분배, 개념의 위치 설정 및 분산 작용, 전략적 선택의 전개를 가설로 세운다. 이러한 작업의 과제는 언표의 정의를 다시금 재규정하고, 나아가 근본적으로는 담론 형성 분석의 관건이 '언표'인가를 다시금 분명히 확인하는 것이다. 푸코는 담론의 기본단위로서 언표가 무엇인지를 밝히기에 앞서, 그것이 기존의 무엇과 어떻게 다른지를 먼저 밝힌다. 언표는 논리학에서 말하는 '명제proposition'도, 문법학에서 말하는 '문장phrase'도, 분석철학에서 말하는 '발화 행위speech act'도 아니다. 언표의 정의定義와 관련된 이러한 '부정적 배제' 과정은 새로운 방법론적 주장을 펴는 이라면 누구나 당연히 거칠 수밖에 없는 필수 과정이다. 만일 푸코의 언표와 담론이 기존의 명제, 문장 혹은 발화 행위와 동일한 것이라면 푸코의 주장은 무의미한 것이 될 수밖에 없기 때문이다. 이제 이들을 차례로 살펴보자.

① 언표는 논리학의 명제가 아니다. 가령 논리학에서는 '아무도 듣지 않았다'와 '아무도 듣지 않은 것은 사실이다'라는 두 명제가 논리적으로 등가等價이다. 그러나 이들이 두 개의 언표인 한 각기 완전히 다른 **기능**을 수행한다. 즉 동

일한 명제 구조를 가지면서도 서로 구분되는 언표적 특성을 지닌 표현들이 존재한다. ② 언표는 문법학의 문장이 아니다. 문장과 언표는 등가적이지 않다. 우리는 식물학의 분류표, 회계장부, 대차대조표에 관한 대수식에 나타나는 표현들, 나아가 n차 방정식, 굴절 법칙, 그래프, 성장곡선 등 전통적으로 문장으로 간주되지 않는 많은 표현을 하나의 언표로써 정당하게 규정할 수 있다. ③ 언표는 분석철학의 발화 행위가 아니다. 발화 행위는 아마도 앞서 제시한 두 가지와 비교하면 언표와 가장 유사한 형식을 갖는 대상일 듯하다. 하지만 우리는 언표와 이른바 '발화 수반 행위acte illocutoire, illocutionary act' 사이에 일대일 대응 관계를 설정할 수 없다. 푸코에 따르면 언표는 형식화 행위acte de formulation에 의해 규정될 수 없으며, 오히려 형식화 행위가 언표에 의해 설명되어야 한다. 곧 하나의 발화 수반 행위는 **언표들의 계열**에 의해 구성되는 것이며, 그 역은 성립하지 않는다. 이처럼 '언표들의 계열'에 의해 이른바 여타의 '단위들'이 구성된다는 주장은 명제·문장·발화 행위를 가로지르는 **언표의 우위성**을 말하는 하나의 방식이다(103~112; 117~125).

그렇다면 언표의 문턱은 기호의 실존이 보여 주는 문턱일까? 그러나 이 경우에도 우리는 단순히 언표와 기호의 실존을 동일시할 수 없다. 왜냐하면 언표는 랑그가 아니기 때문이다. 언표가 실제로 존재하지 않는다면 랑그도 존재할 수 없다. 곧 언표의 존재는 어떤 랑그가 실제로 존재하기 위한 **필요조건**이다. 그러나 이 두 경우 '존재한다il y a'는 말은 동일한 차원 혹은 수준에서 사용될 수 없다. 랑그와 언표는 존재의 동일한 층위에 속하지 않기 때문이다. 물론 랑그로 이루어진 기호들이 하나의 언표를 구성하는 경우가 존재한다. 그러나 이 기호들을 ─마치 그 자체가 필연적으로 하나의 언표인 것처럼─ 늘 하나의 언표로 간주할 수 있을까? 가령 타자기의 문자판은 언표가 아니다. 그러나 타자 연습용 책자에 열거된 A, Z, E, R, T라는 일련의 문자들은 프랑스어 타자기에 의해 채택된 알파벳 상의 언표이다. 따라서 우리는 다음과 같은 사실을 이해하게 된다. 하나의 언표를 형성하기 위해 반드시 규칙적 언어의 구성이 요구되는 것은 아니다. 하나의 언표는 최소한의 확률을 지닌 특정 계열의 존재에 의해서도 구성이 가능하다. 그러나 단순히 언어 요소들의 물질적 현실화가 이루어졌다거나 시공간 내에서의 기호들이 출현했다는 사실만으로 하나의 언표가 출현하지는 않는다. 언표는 우리가 실체적으로 고립화시켜서 이해할 수 있는 어떤 추상적 단위가 아니다. 언표란 **작동하는 것**이다. 언표는 이런 다양한 단위들이 만들어 내는 관계 안에서 수직적으로 작동하는 하나의 **기능**機能, fonction이다. 따라서 언표는 '구조'가 아니다. 차라리 언표는 하나의 **실존 기능**fonction d'existence이다. 언표는 결코 '단위'가 아니다. 가능한 단위와 구조를 가로지르며 그것들을 구체적 내용과 함께 특정 시공간 안에서 나타나게 해 주는 하나의 기능이다 (112~115; 125~129).

언표에 대한 푸코의 이러한 정의는 1950년대 중후반 이래로 자신이 광범위한 영향을 받았던 언어학, 곧 구조주의 혹은 기호학으로부터의 **탈피 선언**으로 읽을 수 있다. 언표는 기존의 언어학, 문법학, 기호학, 구조주의 혹은 분석철학의 용어로는 결코 충분히 이해될 수 없는 전혀 새로운 층위의 어떤 것이다.

2) 언표적 기능

따라서 기호들의 분류라는 측면에서 언표의 정의를 찾아서는 안 된다. 오히려 기호들이 현실적으로 존재할 수 있게 만들어 주는 그 무엇이 언표이다. 오히려 언표는 기호들이 존재하기 위한 **필요조건**이다. 이러한 관념을 바탕으로 이제 푸코는 기호의 계열, 곧 언표인 한에서 기호들이 이루는 계열에 공통적인 일련의 특징을 추적한다.

첫째, 우선 언표의 규칙은 오직 일회적이다. 언표는 특정 시공간에서 특정 계열이 만들어 내는 특정 기능, 특정 효과를 상정하는 것이다. 그러므로 우리는 언표 작용의 규칙을 결코 '법칙화·일반화'할 수 없다. 푸코는 이를 다음처럼 표현한다. '하나의 언표는 모든 재출현 가능성의 **바깥**에 존재한다.' 따라서 각각의 언표는 자신만의 **고유한**singulier 관계를 갖는다. 언표 작용의 일반 법칙은 존재하지 않는다. 이른바 '언표 작용의 일반 법칙'이란 매번 다를 수밖에 없는 일회적인 것들 사이를 가로지르면서 불변의 일반 법칙을 찾는다는 점에서 형용모순이다. 하나의 동일한 언어 표현이 두 개의 다른 상황에서 사용되었다면, 그것은 이미 전혀 다른 두 개의 이질적 언표들이다. 가령 '사랑해'라는 문장은 그것이 발화되는 상황, 발화 주체, 그것을 듣는 사람 등등의 요소에 의해 천차만별의 의미를 가진다. 그리고 그것은 매번 다른 언표 작용과 담론 효과를 발휘한다. 우리가 어떤 책을 15세에 읽고 같은 책을 30세에 다시 읽었을 때 그것이 우리에게 발휘하는 효과는 동일한가? 전혀 그렇지 않다. 이는 15세인 두 사람이 같은 책을 읽었을 때 동일한 효과가 나오지 않는 것만큼이나 분명한 사실이다.

이런 사실은 앞서 우리가 검토한 문장·명제·발화 행위에 대해서도 늘 참이다. 하나의 언표는 오직 그것이 속하고 또 그것을 출현시킨 여러 요소들이 만들어 내는 **상관관계의 공간**espace de corrélation **안에서만** 기능하기 때문이다. 두 명의 일란성 쌍둥이가 '동일한' 환경에서 자란다고 말할 수 없듯이 두 개의 '동일한' 상관관계의 공간이란 존재하지 않는다. '동일한 상황'이란 실제 세계에 결코 존재할 수 없는 가상·허구fiction이다. '실연失戀당한' 두 사람은 '동일한' 상황에 놓여 있는가? 두 명의 고아는 '동일한' 상황에 놓여 있는가? 두 명의 여성들은 '동일한' 상황에 놓여 있는가? 두 명의 대한민국 사람은 '동일한' 상황에 놓여 있는가? 전혀 그렇지 않다. 이 경우의 '동일성'이란 '서로 다른 부분을 제외한 나머지 같은 부분'만을 지칭하는 말일 뿐이다. '동일성'이란 하나의 수사학, 하나의 비유일 뿐이다. 이처럼 언표의 **상관자**corrélat는 특정 집합의 출현 및 특정 관계의 부과를 가능케 하는 특정 영역의 집합un ensemble de domaines où de tels objets peuvent être apparaître et où de telles relations peuvent être assignées이다. 더 정확히 말하면 언표는 늘 가능성의 법칙들lois de possibilité 및 실존의 규칙들règles d'existence로 구성된 하나의 특정 '**좌표계**référentiel'에 연관된다. 언표는 늘 특정 좌표계 안에서만 작동한다. 달리 말해서 특정 좌표계가 존재하지 않는다면 언표도 존재하지 않는다. 언표는 사물에도, 사실에도, 실재에도, 존재에도 연관되지 않는다. 언표의 좌표계가 언표 자체에 의해 작동하는 관계 및 사물의 상태, 개인과 대상의 차이화 심급, 출현의 장, 조건, 장소를 형성한다. 따라서 언표적 수준의 기술은 형식 분석, 의미론적 탐구 혹은 검증에 의해서가 아니라, 오직 **언표가 그 자체로 차이를 나타나게 하는 차이화 작용의 공간 및 언표 사이의 관계에 대한 분석**analyse des rapports entre l'énoncé et les espaces de différenciation, où il fait lui-même apparaître les

différences에 의해서만 가능하다.

둘째, 다음으로 푸코는 언표 '주체'의 특성을 기술한다. 푸코는 전통철학에서 이제까지 하나의 실체로 간주해 오던 주체를 하나의 기능 곧 **주체-기능**fonction-sujet으로 간주한다. 여기서 관건은 언표 주체의 위치position de sujet énonciatif를 이해하는 것, 곧 하나의 주체가 어떤 상관항들의 계열 혹은 관계 안에 놓이는가, 어떤 위치를 차지하는가를 이해하는 것이다. 이 위치는 특정 언표적 사건의 계열 안에서만 의미를 갖는 위치이다. 가령 한 사람의 개인이 특정 언표 계열 안에서 두 개 이상의 다양한 **위치들**positions을 차지할 수도 있다. 이러한 입장은 쉽게 말해 이른바 문맥 혹은 '맥락contexte' 을 강조하는 입장처럼 보인다. 그러나 푸코의 언표 작용은 요소 혹은 맥락의 '중립성'을 부정하고 이를 니체적인 의미로 이해해야 할 **힘-관계**relations de pouvoir의 효과로 간주한다. 결국 언표 주체는 부동不動의 자기 동일적 실체가 아니다. 언표 주체는 다양한 개인들에 의해 유효하게 점유될 수 있는 '결정되어 있는 동시에 비어 있는 하나의 자리une place déterminée et vide'이다. 따라서 언표 주체는 '언표인 한에서 모든 형식화를 구체적으로 실현해 주는 하나의 **차원**dimension으로 기능하는 무엇'으로 정의될 수 있다.

세 번째로 언표 기능은 자신이 결합되어 있는 어떤 특정 **영역**領域, domaine 혹은 **장**場, champ의 존재 없이는 실행될 수 없다. 달리 말하면 자신이 관계되어 있는 특정 장이나 영역을 갖지 않는 언표란 없다. 따라서 관련된 모든 장과의 유기적 관계 아래에 언표를 놓는 것이 필요하다. 자신과 관련된 특정 **방계**傍系**공간**espace collatéral과 상관적으로 기능하지 않는 언표는 없다. 말하자면 하나의 언표는 언제나 다른 언표들로 가득 찬 **여백**餘白, marges을 가진다. 하나의 언표는 자신이 연관된 다른 모든 언표들 사이에서 자신이 차지하는 위치·지위·역할에 따라 전혀 다른 의미를 갖는다. 언표 분석의 관건은 늘 특정한 방식으로 구성된 **언표장의 배치**disposition du champ énonciatif, **언표놀이**jeu énonciatif가 발생시키는 전반적인 효과이다. 따라서 동일한 장에 속해 있는 모든 언표는 서로 영향을 미친다. 달리 말하면 다른 언표들에 의해 영향을 받지 않거나 다른 언표들에 영향을 주지 않는 언표란 존재하지 않는다. 따라서 언어적 요소의 계열은 늘 **특정한** 언표적 장 안에 속하게 될 때만 하나의 언표가 된다. 일반적인 언표, 자유롭고 중성적인 객관적인 언표, 독립적인 실체적 언표, 중성적인 랑그 따위는 존재하지 않는다.

마지막으로 언표는 물질적으로 반드시 실존해야 한다. **실제로** 발화되지 않은 언표, 누군가가 말하지 않은 언표란 없다. 말하자면 누군가가 말하지 않은 가능한 혹은 잠재적인 언표란 '보편적 언표'를 가정하는 표현이며 따라서 언표가 아니다. 언표란 반드시 특정 시공간에서 누군가에 의해 실제로 발화된 것이다. 푸코는 이를 이렇게 표현한다. "언표는 언제나 자신의 물질적 두께를 통해서만 주어진다." 어떤 의미에서는 이러한 물질성이 언표를 구성한다. 언표의 좌표계와 물질적 지위는 언표의 내재적 특성을 이룬다. "**하나의 언표는 하나의 실체, 하나의 지지대, 하나의 장소, 하나의 날짜를 가져야 한다.**" 이때 '하나의'란 '**하나의 특정한**'을 의미하는 것으로, 가령 앞 문장의 '하나의 실체'는 시공을 초월한 영구불변한 실체가 아니라 '특정 시공간에서 자신의 특정한 물질성과 고유성을 갖는 구체적인 어떤 것'이라는 의미로 받아들여야 한다. 언표 작용이란 정의상 반복 불가능한 하나의 사건, 곧 일회적 사건이다. 따라서 각각의 언표 작용은 다른 어떤 것으로도 환원 불가능한 자신만의 시공간적 고유성, 특이성을 가진다. 하지만 그럼에도 앞서 언급한 담론의 공간에 관한 논의가 바로 그러하듯이, 언표 작용의 이러한 반복 불가능한 일회적 특이성은 일련의 상수常數, constantes를 허용한다. 실상 이미 발화된 실제 언표는 이른바 '언표 작용'이라는 순수한 사건으로 환원 불가능한 것인데, 이는 언표가 그 물질성에도 불구하고 반복 가능한 것이기 때문이다.

그렇다면 언표를 특징짓는 이 **반복 가능한 물질성**matérialité répétable의 체제는 무엇일까? 가령 우리는 보들레르가 발표한 시집 『악의 꽃』의 모든 판에서, 이본 혹은 파본을 제외한다면, 동일한 언표들의 놀이를 발견한다. 하지만 그럼에도 불구하고 각 판본의 종이와 잉크 등은 동일하지 않다. 따라서 언표의 물질성은 '물리적 물질성'이 아니며 오히려 사물 또는 대상의 지위에 따라 정의되는 물질성이다. 언표는 물질의 한 조각과 동일시될 수 없지만 이른바 언표의 '동일성'

은 물질적 제도들의 복잡한 규칙과 함께 변화한다. 따라서 언표가 따르는 질서는 시공간에 위치 짓는 질서라기보다는 **제도의 질서**ordre de l'institution에 속한다. 제도의 질서란 다시 쓰기再記入와 옮겨 쓰기移書의 가능성을 규정하는 질서이다. 이러한 제도의 질서는 주어진 특정 시공간 내에서 특정 방식으로 구성된 **안정화의 장**champ de stabilisation을 설립하는 질서이다. 각각의 안정화 체계는 각기 자신만의 고유한 별자리를 만들어 낸다. 『말과 사물』에서 푸코가 인식론적 장 혹은 에피스테메로 지칭한 것이 바로 이와 같이 **언표들로 이루어진 별자리**星座, constellation였다. 별자리의 **배치**configuration가 그것에 속하는 개별 별들의 특성을 규정한다. 하나의 별은 늘 특정 별자리 안에서만 자신의 특징을 부여받는다. 아니, 특정 별자리에 속하지 않는 별은 존재할 수조차 없다. 그러한 별은 아예 인식조차 되지 않기 때문에 자신만의 고유한 특징을 부여받을 수도 없다.

마지막으로 기억해 두어야 할 것은 개별적인 하나의 별과 별자리 전체가 정확히 **동시적·상관적으로만** 탄생한다는 사실이다. 별자리가 없는 별은 없지만 별들이 없는 별자리도 없다. 이러한 안정화의 장, 특성을 부여하는 별자리가 개별적 언표들을 그것들 사이에 존재하는 무수한 차이에도 불구하고 일정한 통일성 안에서 반복 가능한 것으로 만들어 준다. 따라서 특정 언표가 특정 조건 내에서 유지하는 언표의 일정함, 언표적 동일성의 유지, 각각의 언표적 복제물이란 사실 그 언표와 상관적으로 탄생하는 사용用用, utilisation의 장이 실현하는 기능이다. 이처럼 언표는 양면성을 지닌다. 언표는 자신이 탄생한 시공간적 좌표에 묶여 있기에는 너무나 반복적이며, 하나의 순수한 형상처럼 자유롭기에는 자신의 상관항들에 너무나 얽매여 있다(116~138; 129~154).

3) 언표의 기술記述

언표적 기능은 각 단위에 '의미'를 주기보다는 그것을 대상의 장과 관계 맺어 주는 것, 각 단위에 '주체'를 부여하기보다는 그것에 주체 위치의 집합을 열어 주는 것, 각 단위의 '한계'를 고정하기보다는 그것을 좌표화와 공존의 장 속에 위치 지어 주는 것, 각 단위의 '동일성'을 규정하기보다는 그것을 공간 안에서 살게 만들어 주는 것이다. 따라서 언표의 기술記述이 목표로 해야 하는 것은 어떤 '원자적 언표'가 아닌 언표 기능의 장 및 그것의 조건에 대한 기술이다. 푸코는 이를 다음과 같이 두 개의 질문으로 정리하여 하나씩 분석을 수행한다. 우선 이 책의 앞부분에서 제기되었던 '언표를 기술한다'는 과제를 이제 어떻게 이해해야 하는가? 다음으로 언표의 이론이 앞에서 다루었던 담론 형성 작용의 분석에 어떤 방식으로 적용될 수 있는가?

첫 번째 질문과 관련하여 언표의 기술은 다음과 같은 세 가지 과제를 가진다.

첫째, 우선 언표의 기술에 관련되는 용어들을 정확히 규정해야 한다. **언표**言表, énoncé란 '기호들의 집합에 고유한 실존 양식modalité d'existence propre à (cet) ensemble de signes'이다. 마찬가지로 **담론**談論, discours이란 '구어적口語的 수행의 집합ensemble de performance verbales', '기호들의 집합으로부터 실제로 생산된 것ce qui avait été produit en fait d'ensembles de signes', '기호들의 집합에 의해 구성되는 것'이다. **담론 형성 작용**談論形成作用, formation discursive이란 '담론이 펼쳐지는 계열의 법칙'이다.(앞서와 마찬가지로

이러한 작용이 주체의 행위가 아니라 주체를 갖지 않는 하나의 익명적 작용임을 보다 명확히 하기 위해 '담론 형성 작용'으로 번역한다.) 결국 **담론**이란 '하나의 동일한 형성 작용 체계에서 나온 언표들의 집합ensemble des énoncés qui relèvent d'un même système de formation'이다.

아마도 푸코의 가장 유명한 개념 중 하나는 바로 이 부분에 등장하는 '담론'의 개념일 것이다. 오늘날 우리가 아는 '담론'이라는 의미로 이 용어를 사용한 것은 푸코의 이 책이 최초이다. 『지식의 고고학』은 가히 담론 개념의 공식적 탄생 장소라 할 만하다. 하지만 우리는 '담론'이라는 번역어, 곧 'discours' 개념의 이해에 있어 다음과 같은 점을 주의해야 한다.

① 우선 이 'discours'라는 용어는 푸코가 새로 발명한 용어가 아니다. 라틴어에 그 원형이 존재하고 있었으며 중세 말 이래 프랑스어에서 오래 전부터 사용되어 오던 단어이다. 가령 데카르트의 1637년 저작으로 19세기 일본의 메이지明治 지식인들에 의해 『방법서설方法序說』이라는 제목으로 번역된 책의 원제목은 'Discours de la Méthode'이다. 프랑스어에서 'courir'가 '달리다run'에 해당되는 용어이며, 'dis'가 '이러저

런, 자유롭게'라는 의미를 갖는 용어임을 생각해 보자. 그러면 이 제목은 이 책이 '논문의 엄격한 형식을 따르지 않고 보다 자유로운 형식으로 기술된 책'임을 의미한다. 마찬가지로 루소의 1754년 저작으로 역시 메이지 지식인들에 의해 『인간불평등기원론人間不平等起源論』으로 번역된 'Discours sur l'origine et les fondements de l'inégalité parmi les hommes'라는 책에서도 'discours'는 데카르트의 저작에서와 마찬가지로 '자유로운 형식으로 쓴 글'이라는 의미를 가진다. 이는 용어의 '일반적·전통적' 용법으로 '자유로운 논저'라는 의미를 가진다.

② 다음으로 푸코의 1966년 저작 『말과 사물』에도 이 용어가 나온다. 이는 다시 '인용mention'과 '사용emploi'의 두 가지 층위로 나뉠 수 있다. 우선 이 책에 '인용'된 'discours'라는 용어는 바로 위의 용법으로 사용된 것으로 17세기 고전주의 문법학자들도 사용하던 일반 용어이다. 가령 'discours'라는 용어는 『말과 사물』의 4장 〈말하기〉 중 2절 '일반문법' 부분에 등장한다. 이 부분에 따르면 'discours'는 '구어口語적 기호에 의해 재현되는 재현 작용 자체représentation elle-même représentée par des signes verbaux'에 지나지 않는다(『말과 사물*les mots et les choses*』, 134:, 95~96). 이 부분에 등장하는 'discours'는 '광의의 데카르트주의자'로 분류되는 아르노Antoine Arnauld의 『일반이성문법*Grammaire générale et raisonnée*』(1660)과 관련된 푸코의 논의에서 등장한다. 한편 푸코는『말과 사물』의 3장 〈재현하기〉 중 4절 '이중화된 재현'에서도 이른바 '고전주의 언어학'의 대표적 저작인 아르노와 니콜Antoine Arnauld et Pierre Nicole 의 『포르루아얄의 논리*La Logique de Port-Royal ou La Logique ou l'art de penser*』(1662)를 언급한다. 이 책의 1668년의 3판을 기준으로 할 때 'discours'라는 용어는 이 책에서 81회 등장하는데, 대부분의 용법은 위의 '일반적' 용법으로서 대략 '논문' 혹은 '문장' 등으로 번역될 수 있다. 이러한 용법은『일반이성문법』의 경우에도 마찬가지이다. 따라서『말과 사물』에 등장하는 'discours'의 첫 번째 용법, 곧 '인용'은 우리가 오늘날 아는 '푸코의' 고유한 용법이 아니라, 앞선 경우와 마찬가지로 용어의 '일반적·전통적' 용법이며 이 경우 '문장'이라는 의미를 지닌다.

③ 한편 푸코는『말과 사물』에서 포르루아얄 문법의 단

순 '인용'에 그치지 않고 이들 용어를 '사용'하여 자신의 논지를 전개해 나가는데, 이 경우에도 여전히 'discours'라는 용어를 사용한다. 이 두 번째 '사용'의 경우, 번역어의 확정은 푸코가 말하는 고전주의 시대의 에피스테메인 재현 작용에 대한 이해를 바탕으로 17세기 일반문법에 대한 일정한 이해가 선행되어야 하며, 그에 걸맞은 적절한 번역이 제시되어야 한다. 이 부분에서 푸코가 채택하여 사용하는 'discours'라는 용어는 더 이상 이전과 같이 일반적 용법 혹은 단순 인용이 아니다. 이 경우의 'discours'는 고전주의 시대의 에피스테메인 재현 작용을 상징하는 '보편 수학mathesis universalis'의 모델을 따르는 '세계와 언어에 대한 올바른 반영'을 의미한다. 이는 결국 용어의 '고전주의적·학문적' 용법이며, 나 자신은 이에 대해 '보편 담론'이라는 번역어를 제안한다.

④ 마지막으로 우리가 잘 아는 1970년대 초 이후 푸코가 전개해 나간 방법론적 개념으로서('권력-지식 복합체'의 한 축으로서)의 'discours'가 있다. 이에 대해서 그동안 대략 언설, 담화, 담론 등 세 가지 정도의 번역이 제시되어 왔으나 최근

에는 '담론'으로 정리되는 추세에 있다.

이상의 논의를 정리해 보자. 해당하는 원어의 단어가 동일하다고 해서 이상의 네 경우 모두를 하나의 용어로 번역하는 것은 현재 널리 퍼져 있는 몰이해와 오해를 확산시킬 뿐이다. 나는 이상의 네 가지 용법에 대하여 각기 다음과 같은 번역을 제안한다.

㉠ 일반적이고 전통적 의미의 'discours'는 현재처럼 상황에 따라 논문, 문장, 서설, 론論 등으로 다양하게 번역되어야 한다.

㉡ 푸코가 고전주의 시대 저작의 용어를 단순히 '인용'하는 경우에는 『포르루아얄의 논리』·『일반이성문법』 등에 등장하는 문맥에 따라 각기 논문, 문장으로 번역되어야 한다.

㉢ 『포르루아얄의 논리』·『일반이성문법』 등을 원용하며 고전주의 시대의 에피스테메인 재현 작용에 대해 자신의 논지를 전개하는 부분에서 등장하는 'discours'는 고전주의적 '보편 수학'의 모델을 따르는 '세계의 올바른 반영'을 의미하므로 나는 **보편 담론**이라는 번역어를 제시했다.

㉣ 마지막으로 1970년 이래로 니체적 힘 관계의 관점에서 제안되어 '정치적 효과'를 발생시키는 것으로 가정되는 '권력-지식 복합체'의 한 축은 '담론'으로 번역되어야 한다. 우선 푸코의 '권력 계보학'과 분리 불가능하게 관련되어 있는 이 경우의 'discours'는 발화 행위 혹은 수행 작용exercice이 권력-지식을 발생시킨다는 '역동적' 측면이 강조된 용어이다. 여타의 '언설言說'이나 '담화談話'가 정태적 측면이 강조된 명사로만 사용되는 반면, 드물긴 하지만 담론은 '담론하다'라는 동사형이 살아 있어 더 나은 번역어로 보인다(덧붙여 북한에서는 이 동사형이 남한보다 자주 사용된다고 한다). 담화도 동사형으로 사용되긴 하지만 '담화하다'보다는 '담화를 하다', '담화를 나누다'의 경우처럼 명사형이 강조되거나 '대화'라는 의미가 강조되고 있다. 더욱이 담화가 '대국민 담화'의 경우처럼 일정한 권력을 가진 자가 그렇지 못한 자들에게 행하는 하향식의 스피치라는 뉘앙스를 갖는다는 사실도 내가 담화라는 번역어를 피하려는 이유이다.

이제 아래에서는 이러한 논의를 바탕으로 다시 『지식의

고고학』의 논의로 돌아가 보도록 하자.

둘째, 따라서 언표는 문법이나 논리학에서 기술된 단위들에 덧붙여지는 어떤 '요소' 단위unité elementaire가 아니다. 하나의 언표를 기술한다는 것은 그것이 다른 어떤 것이 아닌 바로 그러한 언표로 존재할 수 있도록 만들어 준 다양한 **조건들**conditions을 분석한다는 말이다. 언표는 있는 그대로 모든 것이 다 '드러나' 있어 분석할 필요가 없는 것도 아니고, 마찬가지로 '은폐되어' 있는 의미를 드러내야만 할 어떤 것도 아니다. "언표는 비非가시적인 동시에 비非은폐적이다L'énoncé est à la fois non visible et non caché." 언표는 그 자체로 비은폐적이다. 왜냐하면 언표의 정의 자체가 실제로 실현된 것만을 의미하기 때문이다. 푸코는 이를 언표의 실존적 수준이라고 부른다. 언표 분석은 '따라서 말해진 것에 대한, 정확히 그것이 (어떤 다른 방식도 아닌 바로 그 방식으로) 말해진 한에서의 기술'이다. 따라서 언표 분석은 필연적으로 하나의 **역사적인** 분석이다. 그렇다고 언표 분석이 '해석학적' 분석이라는 의미는 아니다. 언표 분석은 '모든 해석의 바깥에hors de toute interprétation' 존재한다. 언표 분석은 결코 말해진 적이 없는 것, 말해질 수도 있었던 것, 말해진 것에 의해 의도된 말해지지 않은 것을 분석하지 않는다. 이는 푸코의 언표 분석이 하이데거적 의미의 '탈은폐'도, 해석학적 의미의 '해석'도, 프로이트적 의미의 '억압/해소'도, 들뢰즈적 의미의 '잠재/가능/현실'의 삼분법도 따르지 않음을 의미한다. 다시 한 번 지적하자면 "언표란 실현된 대로의 구어적 수행의 실존 양식이다." 물론 언표의 분석을 위해서는 언표적 장의 기반 위에서 지표화 가능한 '말 되지 않은 것非言, non dit'의 모든 형식에 일정한 '결여缺如, manque'를 덧붙일 필요가 있다. 하지만 이때 결여는 **배제·극한·간극**으로서의 결여로 이해되어야 하며 결코 은폐 혹은 억압된 무엇으로 이해되어서는 안 된다.

셋째, 하나의 언표는 은폐되어 있지도 않지만 그렇다고 해서 있는 그대로 가시적인 것도 아니다. "은폐되어 있지도 가시적이지도 않은 언표적 수준은 **언어 활동의 극한에**à la limite du langage 위치한다." 언표 분석은 언표 기능을 작동시키는 '조건들'에 대한 분석이다. 물론 이러한 **언표 작용의 조건**들에 대한 탐구는 언어 활동에 대한 구조적·형식적·해석학적 분석의 너머에 존재하는 어떤 초월적 영역을 추구하는 것이 아니다. 언표 분석은 어떤 의미 작용·초월성·기원도 추구하지 않는다. 언표 분석은 모든 종류의 초월성에 대한 이의제기를 수행하는 것이다(139~148; 154~165).

푸코는 이제 이러한 기초 작업 위에서 두 번째 질문에 대한 해답을 모색한다. 두 번째 질문은 다음과 같다. 언표의 이론이 앞에서 다루었던 담론 형성 작용의 분석에 어떤 방식으로 적용될 수 있는가? 푸코는 이 부분에서 원래의 질문을 다음과 같이 풀어서 다시금 제기한다. 이렇게 정의된 언표에 대한 기술은 앞서 우리가 그 원리를 묘사한 바 있는 담론 형성 작용의 분석에 어떻게 적용될 수 있는가? 또한 역으로 결국 우리는 어느 정도까지 담론 형성 작용에 대한 분석이 언표에 대한 기술이라고 말할 수 있는가?

실상 푸코는 언표 작용, 담론 형성 작용에 대한 '이론'을 추구하지 않는다. '이론理論, théorie'은 푸코에 의해 '일련의 공리들로부터 출발해 무한한 경험적 기술에 적용 가능한 추상적 모델의 연역'으로 정의된다. 또한 '이론'이란 푸코가 언표 작용의 분석으로 파괴하려는 보편/특수의 대립, 이론화하는 주체와 의식의 실체성을 가정하는 플라톤주의적

'관조觀照, theoria'에서 파생된 말이다. 언표는 하나의 기능이다. 언표 기능은 늘 특정 좌표계, 주체, 장, 물질성을 필요로 하는 하나의 기능이다. 푸코가 담론 형성이라는 이름 아래 기술한 것은 실상 특정 시공간에 존재하는 특정 언표들의 무리를 가로지르는 규칙이다. 따라서 담론 형성 작용이란 '하나의 구어적 수행 집합이 따르는 일반적인 언표 체계'에 다름 아니다.

이제 푸코가 분석하려는 네 가지 지향점은 다음과 같다. ① 대상 형성, ② 주체 위치의 형성, ③ 개념 형성, ④ 전략적 선택의 형성. 이 네 가지 지향점은 실상 언표 기능이 그 안에서 작동하는 네 가지 영역에 다름 아니다. 이로부터 푸코는 '언표 분석의 심장부에 위치하는' 네 가지 명제들을 펼쳐 보인다.

첫째, 담론 형성 작용에 대한 지표화의 과정은 언표의 고유한 수준을 드러내 준다. 그러나 반대로 동시에 언표의 기술 및 조직화 방식에 대한 기술 자체가 담론 형성 작용의 개별화를 발생시킨다. 이 두 과정은 동시에 정당화가 가능하며 상호 가역적인 것들이다.

둘째, 하나의 언표는 늘 하나의 특정 담론 형성 작용에 속한다. 언표들의 규칙성은 담론 형성 작용 그 자체에 의해 정의된다.

셋째, 결국 담론에 대한 최종적 정의는 다음과 같다. '담론'이란 **동일한 담론 형성 작용에서 나온 언표들로 구성된 특정 집합**un ensemble d'énoncés en tant qu'ils relèvent de la même formation discursive 이다. 따라서 담론은 철저히 **역사적**이다. 담론의 형성조건 과 담론 자체 모두가 역사적으로 구성된 것이다. **역사적 아 프리오리**a priori historique라는 역설적 표현이 바로 담론의 이런 성질을 가리킨다.

넷째, 마찬가지로 **담론적 실천**pratique discursive이란 특정 시 대의 특정 사회적·경제적·지리적 혹은 언어적 테두리 안 에서 언표 기능의 작용조건을 결정하는, 익명적이고 역사 적이며 또 언제나 특정 시공간 속에서 규정되는 규칙들의 집합이다(149~154; 165~171).

4) 희소성·외재성·축적

푸코는 이 부분에서 언표 형성 작용의 '외적' 조건들을 분석하고 있다. 제목에서 잘 드러나는 것처럼 희소성·외재성·축적이 그것인데, 이러한 외적 조건에 대한 논의는 이후 1970년 12월의 콜레주 드 프랑스 교수 취임 강연 '담론의 질서'에서 정식화된다.

첫째, 언표 분석은 **희소성 효과**effet de rareté를 고려한다. 희소성의 법칙은 여러 가지 과제를 포함한다. ① 이는 "**전체는 결코 말해지지 않는다**tout n'est jamais dit"는 원리에 근거를 두고 있다. 언표 가능한 것이라는 무한한 조합에 비하면 실제로 말해진 것은 늘 유한하고 부분적이며, 따라서 편파적partial이다. 이로부터 희박화의 원리principe de rarefaction 혹은 적어도 비포화非飽和의 원리principe de non-remplissment를 찾아낼 수 있다. 담론 형성 작용이 담론들의 얽힘 속에서는 절단의 원리principe de scansion로 나타나는 동시에 언어 활동의 장에서는 진공의 원리principe de vacuité로 나타난다. ② 담론 분석은 언표를 말해지지 않은 것으로부터 구분 짓는 '극한'과 다른 모든 것들을 배제함으로써 그 언표를 출현시키는 '순간' 안에서 연구한다. 이러한 작업은 '현존의 특정 체계un système limité de présence'를 정의하려는 작업이다. 담론 형성 작용은 풍요롭

160

고 까다로운 배아胚芽가 아니라, 오히려 빈틈·간극·부재·분절의 배분이다. ③ 언표는 은폐되어 있지도 가시적이지도 않은 것이다. 따라서 우리는 언표 안에서 억압 혹은 억제된 것을 찾지 않는다. 언표의 아래에는 어떤 텍스트도 없으며, 따라서 어떤 충일성充溢性도 없다Il n'y a pas de texte d'en dessous. Donc aucune pléthore. ④ 이와 같은 언표들의 성질은 언표가 결코 공기와 같이 '무한한' 투명성이 아니며, 오히려 이동·보존·전유되고 또 변형되는 실제의 '유한한' 존재임을 보여 준다.

둘째, 다음으로 언표 분석은 언표를 **외재성**外在性, extériorité이라는 체계적 형식 아래 다룬다. 기존의 분석은 기본적으로 내적인 것과 외적인 것의 구분에 따라 '내적 본질의 외적 표현表現, expression'이라는 도식 아래 언표를 다루었다. 이는 다름 아닌 '정초하는 주체성subjectivité fondatrice'의 논리로서 망탈리테의 진화, 로고스의 회상 혹은 이성의 목적론, 흔적 등 다양한 모습으로 나타난다. 이는 단적으로 역사적-초월적 주제thème historico-transcendantal이다. 언표 분석은 이러한 '내면적' 주체의 '바깥外部'으로 상정되는 '외적 표현'의 분석을 거부한다. 이는 언표 분석이 이 '안/바깥'의 쌍을 (동일한 언표 작용에 의해 동시적·상관적으로만 탄생하는) 서로에 대한 분신分身들로 간주하기 때문이다. 언표 분석은 주체, 곧 내면이 존재하지 않는 **바깥**dehors을 되찾고자 한다. 이때의 '바깥'이란 실상 그에 대립하는 항으로서의 내면이 존재하지 않는다는 의미에서 '역설적'이라 말할 수밖에 없는 바깥, **표면**surface이다. 마찬가지로 언표분석은 어떤 '중립성中立性, neutralité'도 추구하지 않으며 자신의 분석을 오직 언표의 수준에 한정한다.

이러한 언표 수준의 표면 효과에 대한 분석을 위해서는 다음을 기억해야 한다. ① 우선 언표적 장은 다른 영역에서 이루어진 어떤 것의 '번역'이 아니다. 언표적 장은 어떤 다른 존재의 '결과'나 '흔적'이 아니라 그 자체로 자율적인 하나의 실천적 영역으로서 기술되어야 한다. ② 다음으로 언표적 영역은 어떤 주체, 집단의식, 초월적 주체성에도 호소하지 않는다. 언표적 장은 **그 배치에 따라 말하는 주체들의 가능한 자리가 정의되는 하나의 익명적 장**un champ anonyme dont la configuration définit la place possible des sujets parlants으로 간주되어야 한다. 더 이상 '말하는 주체'의 형식에 의존해서 언표를 설명할 필요는 없으며, 차라리 주체를 언표적 장이 발생시키는 하나의 효과로 간주해야 한다. ③ 따라서 언표적 장은 의식의 시간성에서 파생되지 않는다. 이 모든 말은 결국 언표의 분석이 주체, 곧 데카르트적 사유 주체인 코기토cogito에 의존하지 않고 수행된다는 말이다. 언표 분석은 프랑스어로 "**사람들이 말한다on dit**"의 수준에 위치한다. 이러한 표현은 프랑스어 사용자가 아니면 이해하기 어렵다. 이는 이러한 논의가 한국어는 물론 영어에도 존재하지 않는 프랑스어만의 특이한 부정不定 대명사 'on'의 존재에 의존하고 있기 때문이다. 프랑스어의 'on'은 상황에 따라 한국어(영어)의 '우리we', '너희들you', '그들they', '사람들people' 등의 의미를 모두 포괄하는 부정 대명사이다. 결국 이는 어떤 특정 주체의 '행위'가 아니라, 누군가에 의해 그것이 말해졌다는 **익명성**, 곧 '주체 없는 **작용**'의 의미를 강조하기 위해 채용된 표현이다. 푸코는 이러한 익명성을 강조하기 위해 1969년의 강연 「저자란 무엇인가?Qu'est-ce que l'auteur?」에서 언급했던 사뮈엘 베케트Samuel Beckett의 말을 다시금 인용한다. "**누가 말하든 무슨 상관인가?N'importe qui parle.**"

셋째, 마지막으로 언표 분석은 플라톤적 상기 혹은 회상 anamnesis에 입각한 '내면화'에도, 헤겔적인 '총체화'에도 호소 하지 않는다. 차라리 언표 분석은 **축적**蓄積, cumul에 기대어 사 유한다. 푸코에 따르면 일반적 분석은 '독서-흔적-해독-기억lectures-trace-déchiffrement-mémoire'이라는 형식을 가진다. 하 지만 언표 분석은 이러한 형식을 따르지 않으며 다음과 같 이 전혀 다른 방식을 취한다. ① 우선 언표 분석은 언표를 그것이 속한 **잔류 효과**rémanence 안에서 파악하고자 한다. 일 반적으로 말하는 이른바 '기억과 회상의 놀이'는 이 잔류 효 과의 장 아래에서만 가능하다. ② 다음으로 언표 분석은 언 표를 그것의 고유한 **가산성**加算性, additivité 안에서 파악하고자 한다. 가령 서구 18세기의 의학적 관찰과 오늘날의 의학적 관찰은 다른 방식으로 '덧붙여진다.' 관건은 각각의 장에 고 유한 가산의 방식을 찾아내는 것이다. ③ 마지막으로 언표 분석은 **되풀이**récurrence 현상을 고려하고자 한다. 모든 언표 의 장은 자신에 앞서는 특정 언표장에 의해 조건 지어진다. 이러한 조건화는 새로운 언표장을 제한하는 동시에 새로운 재구성·재분배를 가능케 한다. 일반적인 기억과 망각, 의미의 억압과 재발견은 이런 되풀이의 장 안에서만 가능한 부차적 현상이다.

이 모든 설명은 언표 분석을 전통적인 '회귀retour'의 관념에서 벗어나게 하기 위해서이다. 회귀는 최초의 정초적 순간 혹은 계기, 단적으로 '기원'을 되찾아 내려는 노력이다. 언표 분석은 이러한 '기원으로의 회귀'에 반대하여 오직 실제로 이루어진 일들, 실제로 발화된 말들로 만들어진 현실적 장, 곧 **축적**에 따라 언표를 설명하려는 시도이다. 언표 분석은 어떤 해석, 정초, 구성적 행위의 해방도 추구하지 않으며, 어떤 합리성의 결정 혹은 어떤 목적론의 전개도 추구하지 않는다. 담론 형성 분석은 한 담론의 **실증성**實證性, positivité 유형을 정의하는 것이다. "만약 총체성의 탐구를 희소성에 대한 분석으로, 초월적 정초의 주제를 외재성의 관계들에 대한 기술로, 기원에의 물음을 축적들에 대한 분석으로 치환함으로써 우리가 한 사람의 실증주의자가 되는 것이라면 물론 나는 물론 한 명의 행복한 실증주의자다"(155~165; 171~182).

5) 역사적 아프리오리와 문서고

앞서 설명한 것처럼 역사적 아프리오리a priori historique는 자기 모순적인 말이다. '아프리오리'가 경험 이전을 의미하는데 반해, '역사적'이란 말은 '경험적'에 다름 아니기 때문이다. 결국 역사적 아프리오리는 '경험적 경험 이전'이라는 의미가 되어 **형용모순**이 되어 버린다. 물론 푸코가 이런 모순을 모르고 이런 복합어를 사용하는 것은 아니다. 푸코가 이러한 역설적 표현을 통해 주장하려는 바는 다음과 같다. 우리가 생각하는 이른바 아프리오리先驗性, 곧 '경험 이전의 어떤 것'은 실제로 '역사를 통해서' 곧 '경험적으로' 만들어진 것이다. 가령 21세기 현재 대한민국의 사유는 기본적으로 한글로 표기된다. 한글을 통한 사유의 표기는 역사를 초월한 필연이 아니라 실은 물론 우연, 곧 푸코가 말하는 경험과 역사의 영역이다. 가령 이성계가 위화도 회군을 하지 않았더라면, 이방원이 왕자의 난에서 성공하지 못했다면, 세종대왕이 왕이 되지 못했다면 훈민정음, 곧 한글은 (적어도 지금의 바로 이 방식으로는) 창제되지 않았을 것이고, 이 경우 나 자신 역시 지금 이 글을 아마 한문으로 적어 내려가고 있을 것이다. 이는 21세기 대한민국을 지배하는 '반공 이데 올로기'나 '효도 사상'의 경우에도 마찬가지이다.

철학자 푸코의 위대함은 '역사와 문화를 초월한 것으로 가정되어 오던' **초월성·보편성·객관성** 같은 관념들이 실은 '역사적으로 구성된' **역사적 아프리오리**들이라고 생각했다 는 점이다. 가령 초월성의 관념은 칸트가 없었다면, 플라톤 이 없었다면, 소크라테스가 없었다면, 파르메니데스가 없 었다면 지금과는 전혀 다른 모습으로 구성되었을 것이다. 보편성의 관념 역시 마찬가지이다. 이런 질문을 던져 보자. 서양적 보편성이 아니면서 사이비 보편성도 아닌 비서양 적 보편성이 존재할 수 있는가? 이 질문에 대한 답이 부정 적으로 생각된다면 그 사람은 '서구주의자'가 된다. 그러나 이 서구주의자는 실상 **서구 보편주의자**이다. **정의상**by definition 서구적 보편 이외의 보편은 존재할 수 없으므로 보편은 오 직 서구적 보편만 존재한다는 생각 말이다. 역사적 아프리 오리는 가령 '사람이 책을 만들고 책이 사람을 만든다'는 말 처럼 이 세상의 모든 것이 인간의 해석에 따른 것이며, 시 공을 초월한 초월성·보편성·객관성 같은 것은 없다는 말이다. 서구적 보편성을 더 이상 유일한 보편성으로 보지 않는 것, 이것이 『지식의 고고학』의 궁극적인 지향점 중 하나이다. 그러나 세간의 일반적 오해처럼 푸코의 이러한 말을 서구적 보편성을 전적으로 부정하는 '비합리주의자'의 말로 읽어서는 곤란하다. 다만 푸코는 서구적 보편성의 절대성만을 부정할 뿐, 서구적 보편성이 하나의 보편성임을 부정하지 않는다. 이는 가령 서구적 합리성은 하나의 합리성이다. 그러나 서구적 합리성이 합리성 자체는 아니다, 서구적 합리성 이외에도 다른 합리성이 가능할 수 있다는 말이다. 마찬가지로 '서구적 합리성'도 하나만 존재하는 것은 아니다. 합리성 **자체**와 마찬가지로 서구적 합리성 **자체**도 존재하지 않는다. 실제로 존재하는 것은 이 합리성과 저 합리성 혹은 서구적 합리성의 이런 형식과 서구적 합리성의 저런 형식뿐이다. 서구적 합리성은 여러 가지 방식으로 현실화되었으며 그 중 어느 하나가 나머지를 사이비 합리성으로 규정할 수는 없는 일이다.

서구적 합리성의 '지배적' 형식을 부정하는 것이 합리성 자체를 부정하는 것은 아니다. 푸코는 하버마스의 논의가 전형적인 지배적 합리성 담론의 강요 사례라 보았고 이를 **계몽의 협박**chantage de l'Aufklärung이라고 불렀다. 푸코에 따르면 하버마스는 자신이 신봉하는 광의의 '헤겔적 합리성' 이외의 다른 합리성이 존재할 수 있는 가능성을 이론적 차원에서라도 인정하지 않았다. 따라서 헤겔적 합리성, 사실은 하버마스적 합리성은 다른 길을 걸었던 푸코를 '비합리주의'로 몰았다. 계몽의 협박은 이런 형식을 취한다. 계몽주의가 특정한 형식으로 발전된 이 합리성이라는 점을 너는 인정하는가? 인정한다면 너는 합리주의자이고, 아니라면 너는 비합리주의자이다! 푸코는 이런 협박에 굳이 대응할 필요가 없다는 입장이다. 하버마스는 자신이 받아들인 역사적 아프리오리를 역사와 문화와는 무관하게 '보편적 아프리오리' **자체**로 가정하고 논의를 전개하고 있기 때문이다. 가령 하버마스의 이런 입장이 잘 드러난 책이 『**현대성의 철학적 담론**Der Philosophische Diskurs der Moderne: Zwölf Vorlesungen』(1985)이다. 이 책의 다음과 같은 구절을 보면 이른바 보편주의자, 보다 정확히는 '서구적 보편주의자' 하버마스의 사유 구조를 정확히 알 수 있다.

"현대적 서양은 이러한 망탈리테가 이성의 자리를 차지할 수 있는 세계를 위한 정신적 전제조건과 물질적 토대를 만들어 냈다. 이것이 니체 이래로 실행되고 있는 이성비판의 진정한 핵심이다. 서양이 아니라면 누가 자신의 전통으로부터 비전을 지닌 통찰과 에너지와 용기를 길어낼 수 있겠는가?"(이진우 옮김, 문예출판사, 1995, 423쪽.)

에드워드 사이드가 『오리엔탈리즘』이 『지식의 고고학』의 '담론 형성'과 『감시와 처벌』의 '권력-지식'으로부터 영향을 받아 저술되었다는 말은 바로 이러한 의미로 이해되어야만 할 것이다. 푸코가 자신이 신봉하는 서구적 합리성의 특정 형식을 '합리성 자체'의 형식으로 가정하는 태도를 계몽의 협박이라고 부른 것처럼 우리는 합리성의 특정 형식, 곧 합리성의 서구적 형식을 '합리성 자체'의 형식으로 가정하는 태도를 **서구적 합리성의 협박**chantage de la rationalité occidentale, blackmail of western rationality이라고 부를 수 있을 것이다. 서구적 합리성의 협박은 다음과 같은 형식을 취한다. 너는 서구적 합리성을 인정하는가? 인정한다면 너는 합리주의자이고 아니라면 너는 비합리주의자이다!

　다시 '역사적 아프리오리'에 대한 『지식의 고고학』의 논의로 돌아가자. 주어진 시공간의 특정한 실증성 형식은 하나의 장場, 곧 하나의 **역사적 아프리오리**를 형성한다. 이때 아프리오리는 **언표들에 대한 현실성의 조건**condition de réalité pour des énoncés으로 정의된다. 역사적 아프리오리는 결코 말해지지 않을, 경험에 현실적으로 주어지지 않을 진리들의 아프리오리가 아닌 오직 현실적으로, 곧 실제로 주어진 역사의 아프리오리이다. 따라서 역사적 아프리오리는 오직 실제로 말해진 것들의 아프리오리이다. 역사적 아프리오리는 결국 담론이 단지 하나의 의미 혹은 진리일 뿐만 아니라 하나의 특수한 역사이기도 하다는 사실을 이해하게 해 준다. 달리말해, **역사적 아프리오리**는 **역사적으로 구성된 아프리오리**이다. 역사적 아프리오리는 '특정 시공간에서 담론 실천들을 특징짓는 규칙들의 집합'으로 정의될 수 있다. 원리상 어떤 우연 혹은 우발성偶發性, contingence이 없이 적용되는 것으로 가정되는 '형식적 아프리오리a priori formel'와 달리, 역사적 아프리오리는 순수하게 경험적 존재이다. 모든 형식적 아프리오리는 특정 시공 혹은 특정 규약convention 체계 내에서의 아프리오리이다(166~169; 182~186).

푸코는 이처럼 수많은 역사적 아프리오리들이 중첩된 현실적인 복합의 장을 **문서고**文書庫, archive라 부른다. 문서고는 사건événements의 언표들과 사물choses의 언표들이 중첩된 '언표들의 체계'이다. 문서고는 어떤 문화적 총체, 심리학적 실재, 시대정신이 아니다. 문서고란 말해질 수 있는 것의 법칙, 고유한 일회적 사건으로서 언표들의 출현을 지배하는 체계이다. 문서고는 '언표 가능성énonçabilité의 체계'를 규정하는 것이다. 문서고는 사물-언표의 현실성 양식mode d'actualité de l'énoncé-chose을 규정하는 그 기능 작용의 체계système de son fonctionnement이다. 문서고는 담론을 그 복수적 실존 안에서 차이화하고 그 고유한 지속 안에서 특이화·구체화하는 작용의 체계이다. 문서고는 **언표 형성 및 변형 작용의 일반 체계**système général de la formation et de la transformation des énoncés이다.

한 사회, 한 문화, 한 문명의 문서고 혹은 한 시대의 문서고를 모두 충분히 기술하는 것은 불가능한 일이다. 심지어는 우리 자신의 문서고를 완전히 기술하는 것조차 불가능하다. 이는 우리가 말하는 행동 자체는 우리가 기술·분석하려는 무엇인가의 **내부**에 속하기 때문이다. 따라서 문서고는 그 '총체'로서 기술될 수 없다. 우리가 '전체'를 기술할 수 없는 문서고는 늘 그것의 특정한 현실적 양식에 의해 조건화되어 있다. 따라서 문서고는 오직 파편적 형태로만, 영역별로만, 수준에 따라서만 기술할 수 있다. 결국 문서고는 **오직 분산의 형태로만** 기술할 수 있다. 그렇다면 그럼에도 불구하고 언표 분석, 담론 형성 분석을 가능케 해 주는 조건들은 무엇일까? "고문서의 분석은 따라서 하나의 특권적 영역을 포함한다. 우리로부터 가까우면서도 동시에 우리의 현실성과는 다른 하나의 영역, 이 영역은 우리의 현재를 둘러싸고 자신의 타자성他者性 안에서 그것을 솟아오르게 해 주고 또 그것을 가리키고 있는 시간의 가장자리이다. 이 영역은 우리의 바깥으로부터 우리를 제한한다"L'analyse de l'archive comporte donc une région privilègiée: à la fois proche de nous, mais différente de notre actualité, c'est la bordure du temps qui entoure notre présent, qui le surplombe et qui l'indique dans son altérité; c'est ce qui, hors de nous, nous délimite. 이처럼 문서고의 문턱은 우리 언어의 바깥, 간극, 단절로부터 시작된다.

이와 같이 이해된 우리의 **진단학**診斷學, diagnostic은 어떤 불변의 상수도, 동일성 혹은 정체성도 갖지 않는다. 이렇게 이해된 진단학은 우리가 차이이며, 우리의 이성이 담론들의 차이이고, 우리의 역사가 시간의 차이이고, 우리의 자아가 가면들의 차이이며, 그리고 차이란 잃어버렸다가 되찾은 어떤 기원이 아니라 우리의 존재, 우리의 행동에 다름 아닌 이러한 분산 작용임을 드러내 준다Il établit que nous sommes différences, que notre raison c'est la différence des discours, notre histoire la différence des temps, notre moi la différence des masques. Que la différence, loin d'être origine oubliée et recouverte, c'est cette dispersion que nous sommes et que nous faisons. 후기의 푸코는 이를 **현재의 진단학**diagnostic du présent이라 부른다. 결국 고고학은 '현재'를 진단하는 행위이다.

이처럼 결코 완전히 기술될 수도 총체적으로 파악될 수도 없는 문서고의 분석은 담론 형성의 기술, 실증성의 분석, 언표적 장의 지표화를 포함하는 몇 가지 일반적 '지평'을 가진다. 이제 이러한 탐구는 **고고학**考古學, archéologie이라 불린다. 고고학은 어떤 '기원' 혹은 '시작'에 대한 탐구도 추구하지 않는다. 마찬가지로 고고학은 어떤 지질학적 탐사도 아니다. 고고학은 '이미 말해진 것既言, déjà-dit을 그 자체의 수준에서 탐구하는 하나의 기술記述 방법'을 가리키는 일반적 주제어이다. 이 기술 방법은 말해진 것 안에서 작동되는 언표 기능, 그것이 속해 있는 담론 형성 작용, 그것이 탄생한 고문서의 일반 체계를 탐구한다. 고고학은 담론을 '문서고라는 요소 안에서 작동하는 특수한 실천들'로서 간주하여 주어진 특정 담론의 일반 체계를 기술하는 것이다(169~173; 187~190).

4. 고고학적 기술記述

1) 고고학과 관념사

그렇다면 이러한 고고학은 기존의 역사서술 방식과 어떤 점이 어떻게 다른가? 고고학적 방법론이 실로 하나의 '장치裝置, appareil'로서 이제 우리가 물어야 하는 것은 우리의 기계가 잘 작동하는지, 우리의 기계가 생산해 낼 수 있는 것이 무엇인지 하는 것이다. 이를 위해 푸코는 우선 고고학과 '관념사histoire des idées'의 차이점에 대해 논한다. 한마디로 고고학은 관념사가 아니다. 푸코에 따르면 관념사를 명확히 정의하기는 어렵지만 대개 다음과 같은 두 가지 '역할'을 수행한다. 첫째, 관념사는 사소하고 주변적인 역사를 논한다. 둘째, 관념사는 기존의 분야들을 가로질러 그것을 논하고 재해석하는 것을 자신의 과제로 삼는다. 관념사는 이처럼 시작과 끝의 학문, 애매한 연속성과 회귀의 기술에 대한 학문, 역사의 선형적 형식 안에서 발전의 재구성에 대한 학문이다. 관념사는 이 모든 표상의 놀이, 교환과 매개의 놀이를 가로지른다. 그리고 관념사는 이 두 가지 역할을 탄생, 연속성, 총체성의 관점에서 가로지른다. 곧 관념사는 비非철학에서 철학으로, 비非과학에서 과학으로, 비非문학에서 작품 자체로의 '이행移行, passage'을 기술한다. 그러나 정확히 고고학은 관념사의 포기이며, 관념사의 가설 및 절차에 대한 체계적 거부이자, 이제까지 사람들이 말해 왔던 것과는 전혀 다른 하나의 역사를 만들어 내려는 시도이다. 푸코는 고고학과 관념사를 나누는 네 가지 분기점으로 다음을 든다. ① **새로움의 충당**assignation de nouveauté 방식. ② **모순의 분석**analyse des contradictions 방식. ③ **비교에 의한 기술**descriptions comparatives 방식. ④ **변형 작용의 지표화**repérage des transformations 방식. 푸코는 이와 관련하여 다음과 같은 네 가지 원리를 제시한다.

첫째, 고고학은 담론을 '자료document', 곧 '다른 사물을 지시하는 기호'로서 다루지 않으며 오직 **기념비**monument, 곧 일회적인 것, 자기만의 논리를 갖는 것, 그 자체의 수준에서 충분한 것으로서 다룰 뿐이다. 이처럼 고고학은 '해석학적' 학문이 아니다. 따라서 어떤 '숨겨진' 의미를 찾지 않는다. 마찬가지로 고고학은 '알레고리적allégorique'인 것도 아니다. 한편 이상과 같은 푸코의 논의는 니체의 『반시대적 고찰 Unzeitgemässe Betrachtungen』(1873~1876) 중 두 번째 논문 「삶에 대한 역사의 공과Vom Nutzen und Nachtheil der Historie für das Leben」(1874)에 등장하는 '기념비적 역사monumentalischen Historie'에 대한 논의를 자신의 방식으로 완전히 새롭게 변형시킨 것이다.

둘째, 고고학은 숨겨진 '연속성'을 찾으려 노력하지 않으며 담론을 그 자체의 특이성, 고유성 안에서 포착하려 한다. 고고학은 의견의 애매한 장에서 과학의 결정적인 안정성으로 '나아가지' 않는다. 고고학은 영광송榮光頌, doxologie(의

견에 대한 학문)이 아니다. 고고학은 담론의 다양한 양식에 대한 미분적 분석analyse différentielle이다.

셋째, 고고학은 개인적인 것과 사회적인 것이 결과적으로 전복되는 수수께끼 같은 지점을 찾으려 하지 않는다. 이는 고고학이 '방법론적 개체주의'도, '방법론적 집단주의'도 아님을 천명하는 것이다. 이는 대단히 중요한 부분으로 고고학은 '개체'와 '전체' 모두를 동시적·상관적으로 형성되는 것으로 바라보므로 양자 모두에 대해 **유명론적** 입장을 취한다. 따라서 고고학은 '창조자'와 '피창조물'을 전제하는 창조의 심리학 혹은 사회학이 아니다. 고고학은 창조자와 창조물을 동시적·상관적으로 형성된 쌍둥이들로 바라본다. 창조자인 신이 죽었을 때 그의 상관자이자 쌍둥이인 인간도 역시 죽음을 맞은 것이다(이것이 『말과 사물』에 등장하는 '인간의 죽음'이 갖는 참다운 의미이다). 고고학은 오직 '주체'와 '대상'의 상호 형성을 말할 뿐이다. 고고학은 개체/전체, 창조자/피창조물, 신/인간, 주체/대상 모두를 동시적·상관적으로 형성된 쌍들로 바라볼 뿐이다. 고고학은 보다 일반적으로는 '인간학'이 아니다. 고고학은 인간, 곧 '창조하는 주체'라는 심급을 인정하지 않는다.

넷째, 고고학은 잠재적이거나 가능한 그 무엇을 실현하려 하지 않는다. 차라리 고고학은 **다시 쓰기**réécriture, 곧 외재성의 지속적 형식 아래에서 수행되는 '이미 쓰인 것의 규칙화된 **변형 작용**transformation réglée de ce qui a été déjà écrit'이다. 이는 기원 자체로의 비밀스러운 회귀가 아니라 대상-담론discours-objet에 대한 체계적 기술이다(177~183; 191~198).

2) 기원적인 것과 규칙적인 것

푸코에 따르면 관념사는 담론의 장을 '기원성-진부함originalité-banalité'이라는 대립적 틀로 나눈다. 관념사가 전제하는 이 양자 사이의 '연속성'을 유지하기 위한 철학적 가정은 양자 사이의 '동일성' 혹은 적어도 '유사성'일 것이다. 그러나 관념사가 전제하는 이러한 이항대립과 연속성은 유지 불가능한 것이다. 차라리 관념사는 이러한 이항대립을 유지하기 위해 대립 구도에 들어오지 않는 것, 들어맞지 않는 것을 모두 배제한다. 양자 사이의 '유비'란 실은 양자 모두가 속해 있는 **담론장**이 발생시키는 부수 효과에 불과하다.

따라서 관념사를 거부하는 고고학은 대립되는 두 항 사이의 연속성, 유사성, 동일성, 유비, 위계를 탐색하지 않으며 오직 **언표들의 규칙성**을 밝히고자 할 뿐이다. 이때의 규칙성이란 다른 어떤 언표들의 집합이 아닌 바로 이 집합이 실제로 존재하고 작동할 수 있게 만들어 주는 '조건들의 집합'을 의미한다. 이 규칙성 혹은 조건들의 집합이 개별 언표 **출현의 실제적 장**champ effectif d'apparition을 특정해 준다. 고고학은 위대한 정초자들 혹은 성자들의 목록을 수립하지 않으며 그러한 성자들을 성자들로 출현시킨 규칙들, 조건들의 집합을 추적한다. 고고학은 창조적 언표와 모방적 언표 사이의 '질적 혹은 존재론적 위계'를 설정하지 않으며 오직 양자를 가로지르면서 양자 모두를 탄생시킨 **출현의 조건·규칙**을 추적할 뿐이다. 이제 고고학은 다음과 같은 다양한 방향으로 열리게 된다(184~189; 198~204).

첫째, 고고학은 어떤 한 영역의 변형이 관련된 모든 영역의 근본적인 변형을 일으키는 '절대적 기원' 혹은 '총체적 혁명'의 지점을 추구하지 않는다. 고고학이 추적하는 것은 오직 분절된 역사의 씨줄 속에서 취해진 다양한 유형 및 수준으로 이루어진 사건들 그리고 이런 사건들 사이에 존재하는 상호 연관 관계이다.

둘째, 언표적 규칙성에 내재한 일련의 위계들이 존재한다. 어떤 언표들은 다른 언표들에 비해 **상대적으로** '일반적인' 영역을 더 포괄한다. 이러한 언표들의 존재는 우리로 하여금 가령 언표적 파생의 나무arbre de dérivation énonciative 혹은 특정 담론이 보여 주는 파생의 나무arbre de dérivation d'un discours를 그릴 수 있게 해 준다. 그러나 이러한 고고학적 위계는 관념사가 말하는 기존의 '체계성의 질서' 혹은 '연대기적 계기의 질서'와 혼동되어서는 안 된다.

결국 고고학적 분석의 수행에서 유의해야 할 점은 다음과 같은 것들이다. 고고학은 상이한 수준의 배치들을 혼동해서는 안 된다. 고고학은 최초의 발견 혹은 기원 안에서 모든 것이 '연역'될 수 있는 원리를 추구하지 않는다. 고고학은 모든 개별적 상황에 들어맞는 하나의 '일반 원리' 혹은 법칙을 추구하지 않는다. 고고학은 연대기적 시간의 편차를 재생하는 연역적 도식을 추구하지 않는다. 한마디로 고고학은 관념사가 수행하는 바와 같은 '총체적인 시대 구분

périodisation totalitaire'을 행하려 시도하지 않는다. 고고학은 관념사가 추구하는 바와 같이 일종의 '거대 담론grand discours'을 추구하지 않는다. 고고학은 이제까지 '시대époque'라 불려 온 것 안에서 자신만의 고유한 특이성과 분리 불가능한 '언표적 시대들périodes énonciatives'을 본다(189~194; 204~209).

3) 모순

관념사는 '정합성整合性, cohérence', 곧 담론을 조직화하고 숨겨진 '통일성unité'을 복원시켜 주는 '응집성凝集性, cohésion'의 원리를 가정한다. 응집성의 원리는 모순을 필요 이상으로 확장하지 않는 것을 기본 태도로 삼는다. 가령 우리가 플라톤의 '대화편'을 읽을 때 우리는 (이들 대화편이 모두 플라톤이 쓴 '진본眞本'이 틀림없다는 대전제를 받아들인 후에) 이들 대화편의 저자가 한 사람이며 플라톤이라는 사람의 생각이 시간의 흐름에 따라 거의 변화하지 않았고, 무엇보다도 플라톤의 사유가 일정한 '일관성'을 가지고 있으며, 따라서 서로 모순되지 않으리라는 전제 아래 '독서'한다. 그리고 우리는 놀랍게도 거의 매번 실제로 '일관성'을 발견해 내기에 이른다! 그런데 플라톤의 저작들이 실제로 모두 플라톤이라는 한 사람에 의해 '일관성'을 갖고 모순 없이 쓰인 것이리라는 생각이 옳은 것일까? 비단 한 권의 책만이 아니라 이 세계와 우주의 일관성 혹은 '일양성—樣性, uniformité'을 신뢰하는 관념사의 입장에서 볼 때 모순이란 단지 숨겨진 혹은 스스로 숨는 어떤 통일성의 겉모습에 불과하다. 이러한 우주의 절대적 일관성을 신뢰하는 논리 안에서 모순이란 실로 궁극적인 통일성을 드러내기 위한 하나의 드라마틱한 장치라고까지 말할 수 있다. 이러한 정합성, 일관성의 논리는 설명하지 못하는 것, 이해하지 못하는 것이 없다. 관념사는 세계의 이질성을 보존하지 않으며 오히려 파괴한다.

그러나 고고학은 '모순'을 우발적인 것, 따라서 없애야 할 것 혹은 이해되어야 할 것이라기보다는 차라리 **개별 담론이 실존하기 위한 조건의 하나**로 바라본다. 담론은 차라리 모순으로부터만, 오직 모순과 함께만 나타난다. "담론이란 하나의 모순으로부터 다른 모순으로 옮겨가는 길이다." 담론 분석은 특정 담론 안에서 모순이 행하는 놀이, 곧 모순의 놀이를 분석하는 것이다. 모순이란 그 자체로 분석되어야 할 제거 불가능한 담론의 조건이다. 고고학은 모순, 곧 이질성을 보존하고자 한다. 따라서 모든 것을 이해하려고도 설명하려고도 노력하지 않는다. 고고학은 우리가 사물을 매번 특정 관점에서 바라볼 수밖에 없다는 사실을 알고 있다. 모든 것을 알고 모든 것을 이해하는 신은 죽었고 어떤 인간도 신이 아니다. 앞서 말한 것처럼 『말과 사물』에 등장하는 '인간의 종언'이라는 표현은 이제 신이 죽었으니 인간이 신의 역할을 대신해야 한다는 말이 아니라, 인간과 신이 쌍둥이였으므로 신의 죽음은 곧 인간의 죽음이라는 선언이다. 신의 죽음에서 인간의 죽음까지, 니체에서 푸코에 이르기까지 거의 100년의 세월이 흘렀다. 고고학은 이처럼 철저히 니체의 **관점주의**Perspektivismus를 받아들인다. 이처럼 신이 없는 세계에서 **인간적인 너무나 인간적인** 방법론인 고고학은 오히려 모순을 보존하려 할 뿐, '모든 모순이 눈 녹듯 녹아내리는' 어떤 화해의 지점을 찾지 않는다. 고고학은 다양한 **불화의 공간들**différents espaces de dissension을 기술하고자 한다. 고고학은 개별 모순의 고유성을 보존하고 그 자체의 수준에서 모순을 파악하려 할 뿐, 모든 모순을 가로지르는 모

순 파악·해소의 일반 법칙을 구성하려 하지 않는다. 고고
학은 헤겔·마르크스의 변증법을 불신한다. 이제 고고학이
바라보는 모순은 다음과 같이 다양한 층위로 구성된다.

첫째, 우선 모순의 다양한 '유형들'이 존재한다. 어떤 모
순은 파생적이며 어떤 모순은 외재적이다. 양자 사이에 내
재적 모순이 존재한다. 내재적 모순은 담론 형성 자체의 내
부에서 전개되면서 형성 체계의 지점 안에서 출현하여 다
양한 하위 체계들을 탄생시키는 그러한 모순이다. 이러한
내재적 모순은 고고학적 분석에 적합한 내재적 대립을 보
여 준다.

둘째, 다음으로 모순의 다양한 '수준들'이 존재한다. 모순
은 담론 형성 작용의 다양한 평면 위에 배분되어 있는 이
질적이면서도 복합적인 하나의 현상이다. 모순이 보여 주
는 다양한 수준들은 대상들의 부적합성inadéquation, 언표 작
용 양상의 불일치divergence, 개념들 사이의 양립 불가능성
incompabilité, 이론적 선택의 배제exclusion 등으로 이루어진다.
고고학은 모순의 다양한 수준들을 하나의 '보편적인' 수준
으로 환원시키지 않는다.

세 번째로 모순들이 수행하는 다양한 '기능들'이 존재한다. 모순적 대립은 다음과 같은 다양한 기능을 수행한다. ① 어떤 대립은 언표장의 부가적 발전développement additionnel du champ énonciatif을 분명히 한다. ② 어떤 대립은 담론장의 재조직화réorganisation du champ discursive를 이끌어 낸다. ③ 어떤 대립은 담론 실천에 대한 비판적 역할rôle critique de la pratique discursive을 수행한다. 결국 하나의 담론 형성이란 복수複數의 '불화의 공간', 다양한 '대립의 집합'을 지칭한다. 고고학은 세계의 **이질성**hétérogénéité을 보존하고자 한다(195~204; 209~219).

4) 비교적 사실

고고학은 담론 형성을 개별화하고 분석한다. 따라서 고고학은 담론 형성들을 서로 비교하고 대립시키며 구분한다. 나아가 비非담론적 실천들pratiques non discursives과 관계 맺어 준다. 이런 면에서 고고학은 한 이론의 내적 구조를 분석하는 인식론적 혹은 '건축학적achitectoniques' 기술과 구분된다. 고고학적 연구는 늘 복수적이다au pluriel. 하지만 이때의 '비교比較, comparaison'는 사람들이 일반적으로 이해하는 것과는 다른 어떤 것이다.

첫째, 고고학적 분석은 어떤 경우에도 **국지적**local · **지역적** régional이다. 고고학은 '일반 형식'을 드러내려 하지 않는다. 고고학적 분석은 **제한된**limitée 분석임을 스스로 인정하며, 나아가 그것을 추구한다. 고고학은 오직 일회적으로 존재 할 뿐인 특정 배치의 고유한 규칙을 그 자체의 수준에서 소 묘하고자 시도한다. 따라서 고고학은 어떤 '일반적' 망탈리 테, 합리성 혹은 문화적 총체성을 추적하지 않는다. 고고학 은 주어진 특정 시공간에 존재하는 특정 장이 빚어내는 **상 호 담론적 집합**ensemble interdiscursif, **상호 담론적 배치**configuration interdiscursive, **상호 실증성의 지역**régions d'interpositivité을 추적한다. 고고학은 어떤 경우에도 어떤 시대정신 혹은 한 시대의 과 학 일반을 규정지으려 하지 않으며 어떤 문화적 총체성 혹 은 세계관Weltanschauung도 추구하지 않는다. 고고학이 추구 하는 지평은 하나의 과학, 하나의 합리성, 하나의 망탈리테, 하나의 문화와 같은 것이 아니다. 고고학이 추구하는 지평 은 이러한 다양하고도 복수적으로 존재하는 **상호 실증성들 의 얽힘**이며, 이러한 얽힘의 교차 지점과 한계는 결코 '단번

에' 규정될 수 없다. 고고학은 하나의 비교 분석이다. 고고
학적 비교 분석은 결코 다양한 요소들을 하나의 원리에 따
라 통일시켜 그들 사이에 일관성을 부여해 줄 어떤 총체성
을 포착하려는 작업이 아니다. 고고학적 비교 분석은 각기
다르면서도 복합적으로 얽혀 있는 다양한 형상들 안에서
그 상이한 다양성을 배분하려는 시도이다. 고고학은 하나
의 통일성 아래 모든 다른 것을 환원시키는 작업이 아니라
각자의 이질성을 보존하려는 작업이다. 고고학적 비교는
통일화가 아닌 **복수화 효과**를 가진다La comparaison archéologique
n'a pas un effet unificateur, mais multiplicateur.

둘째, 고고학은 다양한 담론 형성들이 보여 주는 특이성
및 거리 안에서 형성 규칙의 수준에 출현하는 대로의 **유비
와 차이의 놀이**jeu des analogies et des différences를 드러내고자 한
다. 이러한 작업은 다음과 같은 다섯 가지 과제를 함축한
다. ① 고고학은 전혀 다른 담론 요소들이 어떻게 유비적
인 규칙들로부터 형성될 수 있는가 하는 문제, 곧 상이한
형성들 사이의 고고학적 동형성isomorphisme archéologique을 보
여 주어야 한다. ② 고고학은 이 규칙들이 어느 정도까지

같은 방식으로 적용되는가 하는 문제, 곧 각 형성마다 고고학적 모델modèle archéologique을 정의해야 한다. ③ 고고학은 서로 완전히 다른 개념들이 어떻게 실증성 체계의 분기分岐 작용-ramification 안에서 유비적 위치를 차지할 수 있는가 하는 문제, 곧 전혀 다른 개념들 사이의 고고학적 동위성同位性, isotopie archéologique을 부여해야 한다. ④ 고고학은 어떻게 하나의 유일하고 동일한 개념이 고고학적으로 구분되는 두 요소를 포괄할 수 있는가 하는 문제, 곧 고고학적 어긋남décalages archéologiques을 지시해야 한다. ⑤ 고고학은 하나의 실증성으로부터 다른 하나의 실증성으로 옮겨 가는 과정에서 어떻게 복종과 보충의 관계가 확립되는가 하는 문제, 곧 고고학적 상관관계corrélations archéologiques를 확립해야 한다. 이상과 같은 상호 실증성의 다양한 구조는 다양한 실증성들 사이의 '교류의 법칙loi de leur communications'을 구성한다.

셋째, 고고학은 담론적 형성 작용 및 비非담론적 영역(제도, 정치적 사건, 경제적 실천과 과정) 사이의 다양한 관계를 드러낸다. 물론 고고학은 문화적 연속성도, 언어 활동의 문맥도, 해석학적 표현도 추구하지 않는다. 고고학은 매 담론 형성 작용의 규칙이 비담론적 체계에 어떤 방식으로 연결될 수 있는가를 규정하고자 노력한다. 푸코는 18세기 말 이래 성립된 서양 임상의학clinique의 경우를 예로 드는데 이러한 관계는 여러 수준에서 부과될 수 있다. ① 우선 의학적 대상의 분절 및 제한의 수준, ② 다음으로 정치적 실천과 의학적 실천의 상호 구성 관계라는 수준, ③ 마지막으로 의학적 담론에 부여된 기능 혹은 부과된 역할의 수준이 그것이다. 이러한 분석에서 관건은 이미 하나의 담론적 실천으로서 임상의학 담론이 어떻게 외부의 다양한 담론들 및 비담론적 실천들과 관계 맺었는가를 보여 주는 것이다.

한편 이 부분은 푸코가 에피스테메 혹은 언표로 지칭되던 담론적 영역 이외에 비담론적 영역을 언급한 최초의 사례들 중 하나라는 점에서 매우 중요하다. 푸코는 1970년대 초중반 이후 담론적 영역과 비담론적 영역을 **장치**裝置, dispositif라는 보다 포괄적 개념 아래 함께 묶는다(205~215; 219~230).

5) 변화와 변형

이 부분에서 푸코는 1966년 『말과 사물』의 출간 이래 자신을 따라다니던 끈질긴 질문과 대면한다. 그 질문은 다음과 같다. 고고학이 이러한 실증성 혹은 지층의 탐구에만 집중한다면, 그것은 변화와 변형을 분석할 수 없는 것이 아닐까? 지식의 지층에 내재적인 규칙성을 파악하려는 고고학은 공시성에 대한 과도한 집착이 아닐까? '정태적' 고고학은 세계의 '역동적' 모습, 나아가 변화의 동인動因을 포착하기에는 지나치게 안정적인 부동不動의 사유가 아닐까? 단적으로 고고학은 운동도, 시간도, 역사도 만들어 내지 못하는 것이 아닐까?

첫째, 담론 형성의 명백한 공시성共時性, synchronie이 있다. 따라서 고고학적 분석에서는 시간적 잇달음suites temporelles, 보다 정확히는 형식화의 달력calendriers des formulations에 대한 불안감이 존재한다.

푸코는 다음과 같은 두 가지 측면이 이러한 불안감을 해소한다고 본다.

① 고고학은 늘 특정 언표 집합의 형성 규칙을 정의한다. 고고학은 '외적' 사건들과의 상호 관계 아래 나타나는 새로운 언표들의 가능성을 부정하지 않는다. 고고학의 과제는

이런 가능성이 현재의 사건과 어떤 조건 아래 관계를 맺을 수 있는가, 그 조건은 정확히 무엇인가를 보여 주는 것이다. 고고학은 담론을 사건들의 특정 지표에 따라 움직이게 하는 '운동성mobilité'을 인정한다. 고고학은 오히려 이러한 운동성이 작동되는 수준을 해방하고자 한다. 우리는 이러한 수준을 **사건적 연결 장치**embrayage événementiel라 부를 수 있을 것이다. ② 고고학에 의해 하나의 실증성이 부여된 모든 형성 규칙들은 동일한 '일반성'을 갖지 않는다. 형성 규칙들의 고고학적 분기화分岐化, ramification는 한결같은 모양으로, 곧 일양一樣적으로uniformément 동시적인 망이 아니다. 고고학의 모델은 '동시성의 순수하게 논리적인 도식'도, '사건의 선형적인 이어짐繼起, succession'도 아니다. 고고학은 오직 필연적으로 이어지는 관계들과 그렇지 않은 관계들이 빚어내는 특정한 '얽힘'을 보여 주고자 한다. 결국 실증성들의 공시적 체계는 통시적 과정들의 집합을 유보함으로써 이루어지는 것이 아니다. 고고학은 시간적 이어짐에 무관여적이지 않으며, 오히려 **파생의 시간적 벡터들**vecteurs temporels de dérivation을 지표화하는 작업이다.

고고학은 계기적·연속적으로 주어진 것을 무차별적인 방식으로, 곧 '동시적으로' 취급하지 않는다. 고고학이 의심하는 것은 '이어짐의 절대성'이라는 주장이다. 고고학은 담론적 이어짐에 오직 하나의 유일한 형식, 하나의 유일한 수준만이 존재한다는 주장을 부정한다. 이러한 이어짐의 절대적 유일성이라는 주장을 파괴하기 위해서는 그 바탕에 존재하는 두 전제, 곧 '파롤 혹은 글쓰기의 선형적 모델'과 '의식의 흐름이라는 모델'을 파괴해야 한다. "적어도 고고학에 의해 분석되는 담론, 달리 말해 그 실증성의 수준에서 본 담론은 언어 활동이라는 외적 형식 안에서 표현된 어떤 의식이 아니며, 마찬가지로 하나의 랑그도, 혹은 랑그를 말하기 위한 어떤 주체도 아니다. 담론은 이어짐과 얽힘이라는 고유한 형식을 갖는 하나의 실천이다"(216~221; 230~235).

둘째, "고고학은 차이들을 복수화하고 소통의 선들을 엉클어지게 하고 이행들을 더 어렵게 만들고자 노력한다." 여기서 '이행을 더 어렵게 만든다'는 말은 고고학이 앞선 사상이 뒤의 사상을 준비했다는 식의 '연속적·계기적' 입장을 쉽게 채택하지 않는다는 말이다. 교류의 선들을 어렵게 만들고 차이들을 복수화한다는 말 역시 양자 사이의 관계를 단선적 인과와 같은 방식으로 '일원화·단순화'하지 않는다는 말이다. 고고학은 세계의 복합성과 이질성을 보존하려 한다. 푸코는 이 부분에서 『말과 사물』과 『임상의학의 탄생』에서 수행했던 분석을 예로 든다. 가령 고고학은 '생산에 대한 중농주의적 분석이 리카도의 분석을 가능케 했다'는 식의 논의를 추구하지 않는다. 마찬가지로 "더 놀라운 것은 의학의 예이다. 1790년에서 1815년까지 사반세기 동안 의학적 담론은 17세기 이후보다, 의심의 여지없이 중세 이후보다, 심지어 그리스 의학 이후보다 더 심오한 방식으로 변형되었다."

고고학적 분석에서 차이의 기술과 차이의 수립은 동시적·상관적인 과정이다. 이질성을 보존하고 차이를 복수화하는 고고학은 모든 인과적 계열의 시작이자 본질이며 원인이라 상정되는 어떤 유일한 절대적 '기원'으로의 환원을 거부한다. 따라서 고고학은 습관적 가치들을 전복시킨다. 고고학은 차이 안에서 더 작은 차이를 찾아낸다. 그리고 차이를 극복하려 하지 않으며, 오히려 차이들을 긍정하고, 나아가 차이들의 **차이화** 혹은 **미분화**微分化, différenciation를 추구한다. 그렇다면 고고학은 어떤 방식으로 차이를 조작操作, opérer하는가?

첫째, 고고학은 담론의 두께 그 자체 안에서 가능한 사건들로 이루어진 다수의 평면을 구분하고자 한다. 물론 때로는 어떤 담론이 대상·개념·전략·언표 작용 양식의 방대한 쇄신과의 상호작용을 통해 출현하는 경우도 있다. 그럼에도 불구하고 이를 어떤 '보편적' 원리로 간주해서는 안 된다. 분명 이와는 다른 방식으로 구성·출현하는 수많은 담론이 존재하기 때문이다. 담론의 출현에 대해 다음과 같은 질문을 던지는 것은 실로 무익한 일이다. 누가 저자인가? 누가 말했는가? 어떤 상황 또 어떤 맥락에서? 어떤 의도에 의해서, 어떤 계획을 가지고?

둘째, 담론 형성에 대해 수행되어 온 기존의 분석은 다음과 같은 모델을 가지고 있었다. 그것은 초월성·독창성·발명의 놀이를 수반하는 신학적·감성학美學적 의미의 창조 모델, 선행조건·기대·상황·재구조화 능력을 수반하는 의식적 포착 및 심리학적 모델, 진화의 생물학적 모델 등이다. 그러나 이러한 분석만으로는 불충분하다. 일반적으로 모든 사건을 포괄하면서 사건들의 이어짐에 관련된 추상적 원리로 기능하는 '변화changement'에 대한 무차별적 지시를 **변형 들**transformations에 대한 분석으로 대체해야만 한다. 이를 위해 고고학은 다음을 기술해야 한다. ① 주어진 형성 체계에서 다양한 요소들이 어떻게 변형되었는가? ② 주어진 형성 체계의 특징적 관계들은 어떻게 변형되었는가? ③ 상이한 형성 규칙들 사이의 관계는 어떻게 변형되었는가? ④ 실증성들 사이의 다양한 관계는 어떻게 변형되었는가? 결국 고고학은 그 안에서 '변화'가 구성되는 **변형 작용의 체계**système des transformations를 확립하고자 한다. 고고학은 '보편적 법칙의 우위' 및 그것의 '일반 효과라는 지위'를 박탈한다.

셋째, 하나의 변형이 또 다른 변형으로 대체된다고 말할 때 이는 모든 것이 '완전히 확립된 상태로 단번에' 변형된다는 말이 아니다. 이는 관계들의 일반적 변형이 특정한 방식으로 생산된다. 달리 말하면 언표들이 새로운 형성 규칙에 복종한다는 것을 의미한다. 형성 규칙이란 관련된 제반 요소들의 **복수성 및 분산의 원리**principe de leur multiplicité et de leur dispersion이다. 물론 이때의 복수성, 분산은 실제로는 '복수화 작용', '분산 작용'을 의미한다. 따라서 고고학은 주어진 시공간 내에서 관찰되는 바로서의 불연속과 연속의 얽힘을 기술하고자 한다. 고고학은 이처럼 상호작용하는 연속과 분산이 어떻게 동일한 일련의 형성 규칙들에 의해 구성되었는가를 기술한다.

넷째, 실증성의 나타남과 사라짐 그리고 그에 따라 파생되는 '대체代替, substitution의 놀이'는 동일한 방식으로 작동하는 동질적 과정이 아닌, 매번 달라지고 또 실제로 다른 복수의 과정들만을 생산한다. 고고학적 절단coupures archéologiques에 대한 분석은 **불연속성들 자체의 분산 작용**을 기술하는 것이다. 마찬가지로 각각의 변형은 시간적 '점도粘度, viscosité temporelle'에 대한 자신만의 특이한 계수係數, indice를 가질 수 있다.

고고학은 변화와 사건의 추상적 통시성을 분해했던 것과 마찬가지로 절단의 공시성 역시 분해한다. '시대'는 기초적 단위도, 지평도, 대상도 아니다. 나아가 이른바 '단절' 역시 고고학적 분석의 최초의 출발점도, 최종적 한계점도 아니다. **단절**rupture은 하나 혹은 다수의 담론 형성들이 보여주는 일반 체제에 근거한 변형에 주어진 이름이다(221~231; 235~246).

6) 과학과 지식

과학과 고고학의 관계는 정확히 무엇인가?

(1) 실증성 · 분과 학문 · 과학

푸코에 따르면 이와 관련하여 다음과 같은 세 가지 질문이 가능하다.

① 고고학은 가령 정신병리학과 같은 '의사擬似, pseudo' 과학, 박물학과 같은 '전-역사적 상태의à l'état préhistorique' 과학, 정치경제학과 같이 '이데올로기에 의해 전적으로 침윤된entièrement pénétrées par l'idéologie' 과학만을 다루는 것이 아닌가? 결국 고고학은 과학이라고 볼 수 없는 '분과 학문disciplines'만을 기술하는 데 그치고 있는 것이 아닌가? 이러한 문제에 대한 푸코의 대답은 부정적이다. 제도화된 분과 학문의 존

재가 실증성 체계의 지층과 반드시 일치하지는 않는다. 오히려 분과 학문은 하나의 새로운 실증성 체계, 고고학적 장이 수립된 이후 발생한 효과이다. 가령 18세기 말 19세기 초에 이뤄졌던 정신의학적 분과 학문의 성립은 병원의 설립, 감금, 사회적 배제의 조건 및 절차, 법률적 규칙, 산업 노동 및 부르주아 도덕의 규범 등과 얽혀 있는 복합적·상호적 현상이다. 한편 19세기 초 이래 생겨난 '근대' 정신의학은 이전에는 유례를 찾아볼 수 없는 독특하고 새로운 분과 학문이다. 이는 17세기 중반에서 18세기 중후반에 이르는 '고전주의' 시기에는 정신의학에 해당하는 그 무엇인가가 존재하지 않았음을 의미한다.

② 그렇다면 다음과 같은 또 다른 질문들이 생겨난다. 고고학은 결국 현재 혹은 미래의 과학자가 자신이 수행하고 있는 과학의 원시적·초기적·기원적 형식을 거꾸로 투사投射해 찾아내곤 하는 '회고적 정당화'의 기제가 아닌가? 이에 대한 대답 역시 부정적이다. 바로 앞서 지적한 것처럼 고전주의 시대의 박물학은 모태가 되어 그 안에서 발전하여 오늘날의 모습으로 진화하게 될 근대 생물학의 원형이 아니

다. 『말과 사물』의 용어를 사용한다면 고전주의적 에피스테메와 근대적 에피스테메는 서로 **양립 불가능**incompatibles하다. 고고학은 시대를 달리하는 두 학문 사이의 필연적 이어짐繼起, 진화론적 연속성을 가정하는 형이상학적 목적론 혹은 진화·발전·진보의 관념을 인정하지 않는다. 더욱이 고고학은 각 학문의 고유한 규칙과 각자의 이질성을 발견·보존하려 한다.

③ 이제 푸코는 마지막 세 번째 질문을 던진다. 실증성과 분과 학문이 상응하지 않는다면 실증성과 과학은 서로를 배제한다고 말해야 하는 것일까? 이 마지막 질문에 대한 대답 역시 부정적이다. 실증성의 체계가 과학적 분과 학문의 성립을 필연적으로 불가능하게 만드는 것은 아니기 때문이다. 가령 18세기 말에서 19세기 초의 임상의학은 그 자체로 엄밀한 과학이 아니었음에도 불구하고 병리 해부학적 담론과 같이 엄밀한 과학적 담론을 발생시켰다. 그렇다면 묻게 된다. 고고학적 실증성과 과학의 관계는 무엇인가?(232~236; 246~251).

(2) 지 식

하나의 담론 실천에 의해 규칙적 방식으로 형성된 요소들의 집합을 **지식**savoir이라고 부른다. 푸코는 지식의 특성을 다음처럼 네 가지로 정리한다. 지식은 ① 하나의 특정 담론 실천 안에서 우리가 그것에 대해 말할 수 있는 바의 무엇ce dont on peut parler dans une pratique discursive qui se trouve par là spécificiée, 곧 과학적 지위를 얻거나 얻지 못하는 상이한 대상들에 의해 구성되는 하나의 **영역**domaine이다. ② 주체가 자신의 담론을 통해 관련되어야 하는 대상에 대해 말하기 위해 자리 잡는 **공간**espace dans lequel le sujet peut prendre position pour parler des objets auxquels il a affaire dans son discours이다. ③ 개념이 나타나고 사라지고 적용되고 변형되는 언표들의 배치와 복종의 **장**champ de coordination et de subordination des énoncés où les concepts apparaissent, se définissent, s'appliquent et se transforment이다. ④ 담론에 의해 제공되는 사용 및 전유의 **가능성**에 의해 정의된다se définit par des possibilités d'utilisation et d'appropriation offertes par le discours. 한마디로 고고학적 탐구의 대상은 지식이다. 이 책의 제목인 **지식의 고고학**은 바로 이런 의미로 명명된 것이다.

그렇다면 지식을 중심으로 과학과 고고학의 관계는 어떻게 정의될 수 있을까? 우선 우리말 번역자 이정우의 역주처럼 "과학이 존재할 경우 반드시 그 과학의 가능성의 조건으로서의 '지식'이 있어야 하지만, 하나의 지식이 존재한다고 해서 반드시 그로부터 어떤 과학이 나와야 하는 것은 아니다"(252). 과학과는 독립적인 지식이 존재한다. 그러나 정의된 담론 실천이 없는 지식이란 존재하지 않는다. 따라서 모든 담론 실천은 자신이 형성하는 지식에 의해 정의 가능하다. 다음으로 고고학은 여전히 주체성subjectivité의 축에서 벗어나지 못하는 '의식-인식-과학의 축axe conscience-connaissance-science'이 아닌 **담론 실천-지식-과학의 축**axe pratique discursive-savoir-science을 가로지른다. 결국 '과학적 영역domaines scientifiques'과 **고고학적 영토**territoires archéologiques를 구분해야 한다. 양자의 규칙성 혹은 원리는 전혀 다른 것이다. 특정 구성 법칙에 복종하는 명제들만이 과학성의 영역에 속한다. 고고학은 과학적 텍스트를 넘어 '문학적' 혹은 '철학적 텍스트'를 가로지른다. 지식은 증명 안에만 존재하는 것이 아니며 허구, 성찰, 이야기, 제도적 규제, 정치적 결정 안에도 존재할 수 있다. 단적으로 담론 실천은 그로부터 파생된 과학적 세련화와 일치하지 않는다. 과학이 특정 담론 형성의 요소들, 지식의 기초 위에서 출현하는 것이다. 그렇다면 다음과 같은 두 가지 계열의 질문이 가능하다. ① 고고학적 영토 안에서 과학적 영역의 위치와 역할은 무엇인가? ② 주어진 특정 담론 형성 내에서 과학성 영역의 출현은 어떤 질서와 과정을 따라 수행되는가?(236~240; 251~255).

(3) 지식과 이데올로기

방금 살펴본 것처럼 지식은 자신을 실천하는 과학 안에서 사라지고야 마는 인식론적 작업대가 아니다. 과학은 늘특정한 지식의 장 안에 위치하며 그 안에서 일정한 역할을 수행한다. 따라서 고고학은 어떤 과학이 지식의 요소 안에 어떻게 기입되고 기능하는가를 실증적인 방식으로 보여 주어야 한다. 제諸 과학에 대한 이데올로기idéologie의 관계가 확립되고 구체화되는 것 역시 이러한 놀이의 공간 안에서이다. 이때 이데올로기는 자유주의·마르크스주의같이 정치적 의미가 아예 배제되는 것은 아니지만, 그보다는 오히려 용어의 어원(idea+logos)에 입각한 '관념에 대한 학'이라는 뉘앙스가 강하다. 나아가 이러한 용어의 사용은 푸코 자신의 스승인 과학사가 캉길렘Georges Canguilhem의 '과학적 이데올로기idéologie scientifique' 개념에 대한 참조를 바탕에 깔고 있다. 우리말 옮긴이의 역주에 따르면 캉길렘의 "과학적 이데올로기는 기존의 과학으로부터 자신의 모델을 취하며, 현대과학이 취하는 주장보다 더 큰 주장을 실재에 대해 취한다. … 과학은 결국 자신의 전항前項으로서의 이러한 '과학적 이데올로기'들을 요구할 것이다. 결국 과학적 이데올로기는 과학의 구성을 위해 동시에 장애물/가능성의 조건으로서 기능하는 것이다"(257). 푸코가 이 부분에서 예로 드는 것은 정치경제학이다. 가령 우리는 서구의 정치경제학이 자본주의사회에서 특정 기능을 수행한다는 것, 부르주아계급의 이해에 복종한다는 것 등에 대해 종종 말하곤 한다. "그러나 경제학의 인식론 구조와 이데올로기적 기능 사이의 관계에 대한 보다 정확한 기술은 정치경제학을 발생시킨 담론 형성·대상·개념·이론적 선택의 집합에 대한 분석을 거쳐야만 한다. 나아가 이러한 특정 실증성을 발생시킨 담론 실천이 어떻게, 담론적 실천 혹은 정치적·경제적 실천 등과 같은, 또 다른 실천들 사이에서 기능했는지를 보여 주어야 한다." 이러한 사실로부터 우리는 다음을 알 수 있다.

① 이데올로기는 과학성을 배제하지 않는다. 이는 물론 정통적 마르크스주의의 '진리(과학)/이데올로기(허위의식)' 이분법을 파괴하는 푸코의 언명으로 읽어야 한다. ② 모순·간극·이론적 결함은 특정 과학이 갖는 이데올로기적 기능을 알려 주는 표지일 수 있다. 그러나 이러한 기능 분석은 실증성의 수준, 곧 형성 규칙과 과학성 구조 사이의 관계라는 수준에서 수행되어야 한다. ③ 이데올로기의 역할은 엄밀함이 증가하고 오류가 감소함에 따라 감소하는 것이 아니다. ④ 하나의 과학이 이데올로기와 맺는 관계 혹은 기능에 대한 질문을 던진다는 것은 주어진 특정 이데올로기의 담론 형성 기능에 대해 질문하는 것이다(240~243; 255~259).

(4) 다양한 문턱 및 그 연대기

우리는 하나의 담론 형성에 대하여 다수의 구분 가능한 출현을 기술할 수 있다. 푸코는 이를 실증성·인식론화·

과학성·형식화의 문턱이라는 네 개의 문턱으로 구분한다.

① **실증성의 문턱**seuil de positivité. 이는 하나의 담론 실천이 개별화되어 자신만의 자율성을 획득하고, 그 결과 하나의 유일하고도 동일한 언표 형성 체계가 작동하게 되었을 때, 나아가 이 체계가 변형되었을 때를 말한다. ② **인식론화의 문턱**seuil d'épistémolgisation. 이는 주어진 담론 형성의 놀이 안에서 언표들의 특정 집합이 절단되어 검증의 규범 및 정합성을 구체화하고 또 지식과 관련하여 자신의 지배적 기능을 수행할 때를 말한다. ③ **과학성의 문턱**seuil de scientificité. 이는 이와 같이 묘사된 인식론적 형상이 일련의 형식적 기준에 복종하면서 그 언표들이 형성의 고고학적 규칙만이 아닌 명제의 특정한 구성 규칙에 복종하게 되었을 때를 말한다. ④ **형식화의 문턱**seuil de la formalisation. 이는 이렇게 구성된 하나의 과학적 담론이 자신에 필수적인 공리公理·요소·명제 구조·변형 작용을 정의하고 또 자신으로부터 구성 기능을 수행하는 형식적 구축물을 전개할 수 있을 때를 말한다.

한편 이 다양한 문턱들의 연대기는 규칙적인 것도 동질적인 것도 아니며 오직 이질적이며 분산적이다. 한편 하나의 주어진 과학에서 진리의 선형적線形的, linéaire 축적과 이성의 정향진화定向進化, orthogenèse만을 읽어 낸다면 (달리 말해 주어진 과학에서 자신만의 고유한 수준·문턱·단절을 가진 하나의 특정 담론 실천을 읽어내지 못한다면) 우리는 시공과 형식을 초월하는 유일한 역사적 배분, 곧 아직 과학에 이르지 못한 것과 이미 과학에 이른 것 사이의 배분만을 기술하게 될 것이다. 물론 이에 대한 반론이 제기될 수 있다. 푸코에 따르면 가령 수학은 자신이 설정한 네 가지 문턱을 모두 단번에 뛰어넘어 버린 학문으로서 근대 이후 모든 학문의 기준 역할을 해 왔다. 그러나 이처럼 수학을 '다른 모든 과학의 탄생 및 생성에 대한 원형'으로 간주하는 행위는 역사성의 모든 고유한 형식을 동질화시켜 버리고 하나의 유일한 단절로 환원시키는 위험과 오류를 범한다. 이는 모든 이질성과 분산 작용을 삼켜 버리는 **역사적 초월적 분석 이론**droits de l'analyse historico-transcendantale을 설정하는 오류이다(243~247; 259~263).

(5) 과학사의 다양한 유형들

우리가 지표화한 네 가지 문턱은 각기 그에 상응하는 역사적 분석의 새로운 형식을 제공한다. ① 우선 형식화 수준의 분석에서 역사적인 모든 개별 현상은 자신만의 고유한 수준 및 형식적 국지화 작용을 가진다. 이는 실제로 구축된 특정 과학의 내부에서만 형성 가능하며 일단 그러한 형식화 수준을 넘어선 연후에만 가능한 **회귀적 분석**analyse récurrentielle이라 할 수 있다. ② 다음은 과학성의 문턱에 위치하는 것으로서 하나의 특정 과학성의 문턱이 다양한 인식론적 형상에서 출발하여 실제로 극복된 방식을 탐구하는 역사적 분석analyse historique이 있다. 이러한 역사적 분석은 진리와 오류, 합리적인 것과 비합리적인 것, 장애물과 풍부함, 순수함과 불순함, 과학성과 비과학성에 의해 분절되는 과학의 **인식론적 역사**histoire épistémologique des sciences이다. ③ 역사적 분석의 세 번째 유형은 인식론화의 문턱을 취한다. 이는 **고고학적 역사**histoire archéologique라 부를 수 있는데, 이러한 분석에서 우리가 추적하는 것은 하나의 지식을 발생시키고 과학의 지위와 역할을 취하는 한에서의 담론 실천이다. 이와 같은 분석에서 관건은 어떻게 담론 실천의 기술에서 출발하여 과학의 역사를 윤곽 지을 것인가, 달리 말해 하나의 특정 담론 실천이 어떤 규칙성을 따라 어떤 수정을 거쳐 인식론화의 과정에 의해 대체되고 과학성의 규범에 도달하며 나아가 형식화의 문턱에 도달하는가를 정의하는 문제이다. ④ 마지막 네 번째는 **에피스테메**의 분석analyse de l'épistémè 이다. 에피스테메는 『말과 사물』의 주요 개념이다. 우리는 『지식의 고고학』에 나타난 에피스테메에 대한 기술을 검토함으로써『지식의 고고학』이 『말과 사물』의 방법론에 비해 실제로 어떠한 변형과 수정을 거쳤는지를 판단할 수 있게 된다(247~249; 263~266).

푸코는 이 부분에서 에피스테메에 대한 정의를 포함하여 다양한 논의를 보여 준다. 이 부분은 매우 중요한 부분이므로 전문을 번역해 본다.

"다양한 에피스테메적 형상들에 관련되는 지식·실증성·담론 형성의 분석이란 과학사의 여타 가능한 형식들과 구분하기 위해 우리가 에피스테메의 분석이라 불렀던 것이다. 사람들은 아마도 이 에피스테메가 어떤 세계관, 개별자들에게 동일한 규칙과 요청을 부과하면서 모든 인식에 공통적인 역사의 어떤 한 조각, 이성의 어떤 일반적 단계, 아무도 빠져나갈 수 없는 한 시대의 어떤 사유 구조, 곧 익명의 손에 의해 결정적인 방식으로 쓰인 거대한 입법 행위와 같은 무엇이 아닌가 하고 의심할 것이다. 사실 우리는 에피스테메라는 말을 다음처럼 이해한다. 에피스테메는 주어진 한 시대에서 인식론적 형상, 과학 및 형식화된 체계들을 발생시키는 다양한 담론 형성들을 연결하는 관계들의 집합이다. 에피스테메는 각각의 담론 형성에서 인식론화·과학성·형식화가 자리 잡고 또 작동하는 양식이다. 에피스테메는 우연히 일치하거나 혹은 서로 종속되어 있거나 또 혹은 시간 속에서 어긋나는 이 문턱들의 분배이다. 에피스테메는 인접해 있지만 서로 구분되는 담론 실천과 연관되는 한에서의 인식론적 형상들 혹은 과학들 사이에 실제로 존재할 수 있는 측면 관계들이다. 에피스테메는 분명한 방식으로 구분되는 과학들을 가로질러 하나의 시대, 하나의 정신 혹은 하나의 주체의 주권적 통일성을 과시하는 어떤 합리성 유형 혹은 인식 형식이 아니다. 에피스테메는 우리가 주어진 한 시대의 담론적 규칙성의 수준에서 분석을 수행할 때 과학들 사이에서 발견할 수 있는 관계들의 집합이다.

따라서 에피스테메의 기술은 다음과 같이 몇 가지 본질적 특성을 보인다. 에피스테메의 기술은 결코 닫힐 수 없는 하나의 소진되지 않는 장을 열어젖힌다. 에피스테메를 기술하는 목적은 주어진 시대의 모든 인식이 복종해야 하는 요청 체계를 재구축하는 것이 아니라 관계들로 이루어진 하나의 무한한 장을 주파하는 것이다. 나아가 에피스테메는 어느 날 갑자기 나타나고 사라질 어떤 부동의 형상이 아니며, 설립되고 또 사라지는 다양한 우연·어긋남·분절로 이루어진 하나의 무한히 역동적인 집합이다. 게다가 에피스테메는 과학들·인식론적 형상들·담론 실천·실증성 사이에 존재하는 관계들의 집합으로서 주어진 특정 순간에서 담론에 부과되는 구속과 한계 작용의 놀이를 포착할 수 있게 해 준다. 그러나 이러한 한계는 인식과 무지, 추론과 상상, 무장한 경험과 현상에 대한 신뢰, 몽상과 추리·연역을 대립시키는 부정적인 한계 작용이 아니다. 에피스테메는 한 시대의 전통에 의해 설정된 경계, 심적 태도, 기술적 불충분성을 고려하여 알 수 있는 것이 아니다. 에피스테메는 담론 실천의 실증성 안에서 과학과 인식론적 형상의 존재를 가능케 하는 것이다. 결국 우리는 에피스테메가 (하나의 과학과 같은 무엇인가가 주어졌을 때 그것의 권리 혹은 정당성은 무엇인가? 등과 같은) 다시금 비판적 질문을 취하는 어떤 방식이 아님을 이해한다. 에피스테메는 주어진 하나의 과학에 있어 늘 무엇이 주어졌는가를 되묻기 위해서만 과학적 소여를 받아들이는 하나의 질문 방식이다. 과학적 담론이라는 수수께끼 안에서 에피스테메가 문제삼고자 하는 것은 그것이 어떤 근거에 따라 하나의 과학이 되는가가 아니라, 그것이 실제로 존재한다는 사실 자체이다. 그리고 에피스테메의 분석이 여타의 모든 인식에 대한 철학과 구분되는 지점은 그것이 이러한 사실을 결코, 어떤 초월적 주체를 통해, 사실과 권리를 정초하는 원초적 증여에 연관시키지 않으며, 오직 주어진 특정 역사적 실천 과정에 연결시킨다는 점이다"(249~251; 266~268).

이상의 논의를 통해 우리가 알 수 있는 것은 『말과 사물』의 에피스테메 개념이 『지식의 고고학』에서는 **언표**와 **담론**의 개념 아래 포섭되어 새롭게 정의되고 있다는 점이다. 구조주의와 언어학의 시대가 끝나고 니체적인 '권력-지식의 고고학-계보학'의 시대가 도래한 것이다.

⑹ 다른 고고학들

그러나 여전히 하나의 물음이 남아 있다. 하나의 지식이 가진 규칙성을 드러내면서도 그것을 인식론적 형상 혹은 과학과 다른 방향에서 분석할 수 있는 고고학을 상상할 수 있을까? 고고학은 오직 에피스테메로의 정향에 의해서만 수행될 수 있는 것일까? 이에 대한 푸코의 대답은 물론 고고학이 에피스테메의 분석 이외에도 무한한 대상과 방향으로 전개될 수 있다는 것이다. 푸코는 이러한 미래 고고학의 몇 가지 가능성을 제시한다.

우선 **섹슈얼리티**sexualité 혹은 '성性 현상'에 대한 고고학적 기술이 있을 수 있다. 이러한 연구는 어떻게 '섹슈얼리티에 대한 금지·배제·한계·가치평가·자유·위반이 모든 담론적 및 비담론적 실천에 연결되는지'를 보여 줄 것이다. 이러한 연구는 어떤 하나의 특정한 '말하는 방식manière de parler'을 섹슈얼리티의 최종적 진리가 아닌, 다양한 섹슈얼리티의 기술 방식이 갖는 차원 중 하나로 드러내 줄 것이다. 이러한 방향의 하나로 에피스테메가 아닌 '윤리éthique'를 분석한다. 이는 푸코가 이후 1976년 이래 여섯 권으로 기획되었던 『**성의 역사**』 시리즈에서(첫 세 권만이 실제로 발간되었다) 수행한 연구로 이때의 윤리는 현대 한국어에서 사용되는 좁은 의미의 '윤리·도덕'을 의미하지 않는 것은 아니지만, 그보다는 어원인 그리스어 'êthos'에서 이 용어가 갖고 있던 의미, 곧 **태도**態度, attitude로 이해되어야 한다. 한편 1976년 첫 권이 나온 '성의 역사' 시리즈는 이미 고고학이 아니라 계보학의 방법론적 관점에서 기술되었다.

또 다른 예로는 **회화**에 대한 고고학적 분석을 생각해 볼 수 있다. 이러한 분석은, 이 책이 출간되던 1969년 당시와 달리, 최근 들어 푸코가 1960년대, 특히 1960년 중후반 이후 1970년대 초까지 행했던 다양한 작업들이 발굴·출간되면서 접근이 가능한 것이 되었다. 특히 최근 발견되어 출간된 1971년 푸코의 튀니지 강연 『**마네의 회화**La Peinture de Manet』 (2004)는 푸코 연구자 심세광의 번역으로 2016년 출간되었다.(한편, 푸코의 미술·회화 관련 작업에 대한 보다 일반적인 개관을 위해서는 다음을 참조하라. 허경, 「푸코의 미술론. 마네, 현대 회화의 물질적 조건을 선취한 화가」, 『미술은 철학의 눈이다』, 서동욱 엮음, 문학과 지성사, 2014.)

다음으로 **정치적 지식**에 대해서도 고고학적 분석을 수행할 수 있을 것이다. 우리는 하나의 정치적 지식을 에피스테메의 관점이 아니라, 행동·투쟁·갈등·결정 작용 및 전술의 방향에서 분석할 수 있다. 그러나 더 이상 문제는 어떻게 하나의 시점에서 하나의 혁명적 의식이 나타나는지 혹은 혁명 의식의 구축 과정에서 경제적 조건 및 이론적 구축 작업이 어떤 역할을 수행하는지를 아는 것이 아니다. 고고학적 분석의 관건은 행동 및 전략에 둘러싸여 있으면서 서로 간섭하고 영향을 주고받는 특정 사회 이론을 발생시키는 혁명적 지식, 곧 하나의 담론 실천이 어떻게 형성되었는가를 드러내는 것이다. 이는 우파적 자유주의는 물론 좌파의 마르크스주의와도 다른 정치적 지식을 구성하려는 노력으로 실상 푸코의 전 생애, 특히 1960년대 말 1970년 이후 푸코가 수행한 모든 작업이 바로 이러한 목표를 지향하고 있었다고까지 말할 수 있을 것이다. 고고학이 아니라 '권력의 계보학'이라는 관점에서 집필된 1975년의 『**감시와 처벌 —감옥의 탄생**』은 바로 이런 관점에서 '권력과 정치의 관념 자체에 대해 전혀 새로운 정의'를 제출했던 획기적 작업이라 말하지 않을 수 없다. 물론 이러한 정치적 관점 또한 1977-1978년을 기점으로 더 포괄적인 '통치성' 혹은 '윤리'의 관점에 의해 포섭되지만, 일반의 피상적 오해와 달리 이른바 '윤리의 계보학' 시기의 '윤리'는 그 자체 안에 '지식(진리)'과 '정치'를 함축하고 있는 것으로 설정되어 있으므로 넓게 보아 이러한 정치적 관심에 포함된다고 말할 수 있다.

결국 고고학은 과학sciences만을 자신의 탐구 대상으로 삼지 않는다. 고고학의 참다운 탐구 대상은 푸코에 의해 과학의 성립 가능조건으로 제시된 무엇, 곧 더 폭넓은 것으로 가정된 **지식**savoir이다. 다만 에피스테메에 대한 분석은 지식의 고고학이 무엇을 분석할 수 있는가와 관련하여 이제까지 실제로 수행된 분석일 뿐이다. 푸코는 이 경우 자신이 '인식소認識素'라 번역할 수 있을 에피스테메의 분석에 관심을 집중했던 이유를 **의심의 여지없이 우리(서양) 문화를 특징지어 주는 어떤 기울기**勾配, gradient**에 의해 담론 실천이 끊임없이 '인**

식론화'되기 때문이었다고 말하고 있다(251~255; 268~272).

5. 결론

'서론'과 대구對句를 이루며 스스로 묻고 답하는 형식으로 쓰인 '결론' 부분에서 이 책에 대해 가능한 이론적 공격에 답변을 시도한다. 이 장에서 질문은 '구조주의'를 중심으로 회전하는데, 푸코는 이를 모두 다섯 개의 질문과 응답의 형태로 정리하며 『지식의 고고학』이라는 긴 여정을 마무리한다. 아래에서 이를 간단히 요약·정리해 보자.

첫 번째 질문　　이 책 전체를 통해 당신(푸코)은 요령 있게 '구조주의'라는 딱지 혹은 일반적으로 사람들이 이 말에 의해 이해하는 바를 벗어나고자 노력했다. 그러나 당신의 이러한 노력은 오히려 당신이 구조주의의 장점을 드러내는 데 실패했음을 증명하는 것이 아닌가? 당신이 말하는 고고학의 형성 작용, 실증성, 지식, 담론 실천은 구조주의적 분석의 장점을 폐기하는 것이 아닌가?

첫 번째 답변　　당신이 옳다. 당신 말대로 나는 담론의 초월성을 무시했으며, 담론을 어떤 주체성에 연관시키는 것 역시 거부했다. 그러나 담론에 관한 기술은 담론이 랑그의 메커니즘 혹은 과정이 담론 안에서도 총체적으로 유지된다는 것을 보이기 위한 작업이 아니었다. 담론 분석은 오히려 '언어학적 구조화' 혹은 '해석' 이외의 방법으로도 언표를 다룰 수 있다는 사실을 드러내기 위한 것이다. 달리 말해 담론 분석은 담론 작용 혹은 담론의 의미 작용을 발화하거나 수행하는 '주체'에 의한 것이 아니라 그 자체의 수준에서 기술하고자 한다. 담론 분석은 한 시대의 모든 사람에게 보편적인 하나의 '거대 담론'을 추적하는 행위가 아니다. 요컨대 나는 주체의 문제를 제거하려고 하는 것이 아니라 주체가 담론들의 다양성 안에서 취할 수 있는 위치와 기능을 정의하고자définir les positions et les fonctions que le sujet pouvait occuper dans la diversité des discours 했다. 나는 동질적인 하나의 요소로 실상 이질적이기 그지없는 나머지 모든 요소를 환원시켜 버리는 역사와 변화의 개념을 타파하기 위해 **고고학**과 **변형**의 개념을 도입했다. 더욱이 나는 『말과 사물』에서 '구조structure'라는 용어를 몇 차례 '인용'했을 뿐, 단 한 번도 나 자신의 분석 도구로 '사용'한 적은 없다. 한때 생산적이었던 구조주의 논쟁은 이제 단지 희극배우와 행상인에 의해 벌어지고 있을 뿐이다. 그러니 이제 구조주의 논쟁은 제발 그만두도록 하자(259~261; 273~276).

두 번째 질문   논쟁을 피하고자 해 보아야 소용 없다. 당신은 문제를 벗어날 수 없을 것이다. 실로 우리는 '구조주의'에 논박할 생각이 없으며, 오히려 그것의 가치를 십분 인정하는 바이다. 우리가 거부하고 논박하고자 하는 것은 오히려 당신의 작업이다. 구조주의적 담론은 당신의 말처럼 분석에서 제거되어야 할 무엇이 아니라, 분석을 위해 필요 불가결한 하나의 방법론이다.

두 번째 답변   이제야 당신의 공격과 비판의 목표가 무엇인지 분명히 드러났다. 하지만 우리는 이 모든 것을 당연하게 만드는 이 모든 당연함의 **이유/이성**raison, 곧 **조건**conditions을 끝까지 추적할 것이다. 이 역사적이고도 정치적인 조건은 '역사적 초월성'이라는 이름 아래 스스로를 지키며, 자신의 견고한 성채에 접근하려는 이들에게 이렇게 말한다. "나를 건드리지 말라Noli tangere." 그런데 나는 이러한 명령을 거슬러 앞으로 나아가기를 완강히 고집한다. 내가 이러한 길을 걷는 이유는 나의 승리를 확신하고 있기 때문도, 나의 무기에 자신이 있기 때문도 아니며 다만 내게는 이곳에 가장 본질적인 무엇인가가 존재하는 것으로 보이기 때문이다. 그것은 **초월적 예속으로 구성된 사유의 역사를 뛰어넘는 것**이다. 관건은 어떤 목적론도 없이 불연속성 안에서 분석하고, 어떤 필연적 지평도 없이 분산 작용 안에서 지표화하며, 어떤 초월적 구성도 없이 주체의 형식을 부과할 수 없을 정도의 익명성 안에서 전개시키고, 어떤 새벽으로의 회귀도 용납하지 않을 시간성 안에서 열어젖히는 것, 한마디로 생각을 모든 초월적 나르시시즘, 기원으로의 회귀에서 벗어나게 만드는 것이다. 이는 칸트 이래의 합리적 역학, 후설 이래의 수학적 관념성, 메를로퐁티 이래의 지각된 세계의 의미화 작용과는 달리 생각할 수 있는가를 아는 것이다. 당신들이 말하는 이른바 '구조주의'의 옹호는 이런 점에서 실은 '구성적 의식'이라는 자신들의 전략적 입장을 보호하고자 했던 것이다. 고고학의 목적 중 하나가 현상학적 영향력에서 역사를 해방시키는 것임에도 불구하고 당신들은 고고학을 기원에 대한 회귀를 추구하는 일종의 역사적 현상학의 하나로 취급하고 싶어 한다. 나아가 당신들은 세계의 이질성과 차이를 보존하려는 고고학을 모든 것을 설명하고 동질화하는 문화적 총체성, 보편성의 확립을 추구하는 작업으로 만들고 싶어 한다. 관건은 칸트 이래의 철학이 스스로를 동일시하곤 하는 '초월적 반성'으로부터 오는 위험, 곧 기원의 추구와 회귀의 약속, '인간학적 사유'와 '휴머니즘적 이데올로기'를 제거하는 일이다(261~267; 276~282).

세 번째 질문   좋다. 당신의 말대로 당신의 목표가 초월적 사유를 공격하는 것이라고 해 두자. 그렇다면 당신의 담론이 갖는 위상과 기능은 어디에서 오는가? 달리 말해 당신이 말하는 담론은 역사인가? 철학인가?

세 번째 답변   나의 담론은 **담론들에 대한 담론**discours sur des discours이다. 나의 담론은 차이들을 하나의 유일한 체계로 환원시키지 않는 분산 작용, 지시의 절대적 축으로 연결시킬 수 없는 열림을 펼쳐 내는 것이다. 나의 담론은 어떤 중심에도 특권을 부여하지 않는 **탈脫중심화**décentrement를 수행하는 것이다. 나의 담론은 기원으로의 회귀, 진리의 회상, 총체화, 숨겨진 의미의 해석과 발견을 알지 못한다. 만약 철학이 플라톤적 의미의 기억, 상기라면 나의 작업은 '철학'이 아니며 반쯤 사라진 존재에 다시금 생명을 부여하는 것이 역사라면 나의 작업은 '역사'도 아니다. 나의 담론은 차이를 만들어 내는 담론, 곧 현재의 이질성을 보존하려는 **진단학**診斷學, diagnostic이다(267~268; 282~283).

네 번째 질문　　당신의 말에 따른다 해도 적어도 고고학이 과학이 아니라는 점은 분명하지 않은가?

네 번째 답변　　물론 고고학은 과학은 아니다. 고고학의 지향은 과학의 그것과는 다르다. 고고학은 언표와 문서고라는 한 수준의 특이화 그리고 한 영역의 규정 및 명료화, 곧 언표 작용적 규칙성, 실증성, 형성 규칙, 고고학적 파생, 역사적 아프리오리 등과 같은 개념들의 놀이로 이루어진 것이다. 고고학은 실현의 조건들을 정의하기 위해 형성 규칙을 정의하려는 시도이다(268~271; 283~286).

다섯 번째 질문　　당신은 다른 작업들에 대해서는 결코 허용하지 않는 어떤 우월적 특권을 자신한테만은 부여하고 있지 않은가? 당신은 자신에게는 손쉬운 혁명을 부여하지만 다른 사람들에게는 어려운 혁명만을 인정하지 않는가?

다섯 번째 답변　　이는 결국 변형의 조건에 관련된 문제일 것이다. 내가 분석 과정에서 확립하려 했던 실증성은 주어진 특정 담론의 장이 작동할 수 있는 조건들의 집합에 다름 아니다. 말을 한다 혹은 담론을 발한다는 것은 그저 생각한 것을 단순히 표현하거나, 자신이 아는 것을 다른 용어로 번역하는 것 혹은 한 랑그의 구조를 가지고 유희를 행하는 것과는 근본적으로 다른 일을 행하는 것이다. 나는 담론의 변화 가능성을 부정한 적이 없으며 다만 주체의 지고한 우월성을 파괴하려 했을 뿐이다. 이제는 마지막으로 나도 당신에게 일련의 질문을 던지고 싶다. 의미·기획·기원과 회귀·구성적 주체의 주제는 모두 변화와 혁명의 가능성을 역사에 대한 '로고스의 보편적 현존présence universelle du Logos'에 연결한다. 나는 오히려 이런 질문을 던져 보고 싶다. 당신들이 '서구'의 거대한 역사적 초월적 운명을 추구하도록 만드는 두려움은 무엇인가? 물론 이러한 물음에는 오직 정치적 답변들만이 존재할 뿐이라고 생각한다. 하지만 이 책은 단지 몇 가지 단점만을 제거하고자 했을 뿐이며 나는 당신의 불안을 이해한다. 당신은 당신의 역사, 당신의 경제, 당신의 사회적 실천, 당신이 말하는 랑그, 당신 선조들의 신화, 심지어 당신의 부모가 당신에게 해 준 어릴 적 우화까지, 이 모든 것이 실은 **당신 자신도 명확히 의식하지 못하는 일련의 규칙들**에 전적으로 복종하고 있다는 사실을 충분히 깨닫지 못하고 있다(271~275; 286~291).

4장

나가면서

─ 담론의 질서, '권력-지식'을 향하여

이렇게 해서 『지식의 고고학』은 그 대단원의 막을 내렸다. 『지식의 고고학』은 광의의 구조주의에 커다란 영향을 받았고 또 사람들에 의해 그 대표자 중 하나로 여겨지던 푸코가 '구조주의'의 문제와 정면으로 대립하고 씨름하면서 그와는 다른 길, 곧 '고고학'으로 나아가고 있음을 분명히 한 일종의 선언문과도 같은 책이다. 물론 푸코는 1960년대, 정확히는 1963년-1966년에 이르는 『임상의학의 탄생』과 『말과 사물』의 시기에조차 '정통적·전통적' 의미에서의 구조주의자는 아니었다. 만약 우리가 이 시기의 푸코 사유를 '구조주의'라고 부른다면, 실상 푸코는 언제나 자신만의 독특한 방식으로 '구조주의'를 실천하고 있었다. 곧 이 시기의 푸코는 실상 '푸코적 구조주의자'였다. 그리고 푸코는 1966년 『말과 사물』의 발간과 1968년의 '혁명'을 거치면서 많은 사람들에 의해 이른바 '구조주의'의 영향받은 것으로 간주되던 자신의 사유에 대한 비판적 성찰을 수행한다. 그리고 그 결론은 실상 구조 및 구조주의에 대한 완전한 부정 그리고 이른바 고고학의 수립이다. 이 책을 통해 푸코가 잃은 것은 구조주의요, 얻은 것은 니체적인 힘-관계의 논의이다. 이처럼 『지식의 고고학』을 '구조'에서 '고고학'으로의 이행, 보다 정확히는 '에피스테메'에서 '담론'으로의 이행으로 이해한다면, 이 이행의 중심에는 언표의 개념이 자리잡고 있다. 언어학 혹은 구조주의로부터 기원한 용어인 언표는 『지식의 고고학』 전반을 통해 완전히 새롭게 정의되면서 실제로는 오늘날 우리가 아는 '담론'의 개념과 거의 동일한 외연과 내포를 공유하게 된다. 이제 '구조주의'로 대표되는 언어학과 기호학의 개념들, 곧 랑그/파롤, 시니피앙/시니피에 등으로부터 완전히 풀려난 푸코는 이전 시기의 잔재라 할 '언표'의 개념마저 뒤로 한 채, 니체주의적 **힘-**

관계relations de force의 관점에서 이해되어야만 할 **담론**discours과 **권력-지식**pouvoir-savoir을 향해 나아가게 된다. 훗날 1970년대 중후반의 푸코는 이러한 이행을 다음과 같이 표현한 바 있다. "의미 관계가 아니라, **권력관계**입니다"non relations de sens, mais relations de pouvoir. 말년의 푸코가 스스로 '권력의 계보학' 시기라 부르게 될 이 새로운 시기는 1970년 '담론의 질서'에서 본격적으로 정식화되고, 1975년의『감시와 처벌. 감옥의 탄생』및 동시기의 '콜레주 드 프랑스' 강의록을 중심으로 화려하게 꽃 피게 될 것이다.『지식의 고고학』과 함께 '끊임없이 자기 자신 위로 겹쳐지며 스스로를 벗어나는 말들'의 시기, 곧 이른바 푸코의 구조주의 혹은 언어학 시기, 이중=重/분신分身의 시기, 문학/미술의 시기는 이제 공식적으로 끝이 난다. 1970년대가 밝아오고 있었다. 우리는 이제 우리에게 가장 잘 알려진 푸코, 곧 **담론 분석**의 대가이자 사르트르를 잇는 **지식인 투사**로서의 푸코를 만나게 될 것이다.

참고문헌

1. 푸코의 저서

Histoire de la Folie à l'Age Classique, "Collection TEL," Gallimard, 1961/1972; *Madness and Civilization: A History of Insanity in the Age of Reason*, trans. Richard Howard, introduction by José Barchilon, Random House, 1965, Tavistock, 1967 and Social Science Paperback, 1971; 『광기의 역사』, 이규현 옮김, 오생근 감수, 나남신서 900, 나남출판, 2003.

Les Mots et les choses: Une Archéologie des Sciences Humaines, Gallimard, 1966; *The Order of Things: An Archaeology of the Human Sciences*, unidentified collective translation, Tavistock/Pantheon, 1970 and Social Science Paperback, 1974; 『말과 사물』, 이규현 옮김, 현대사상의 모험 27, 민음사, 2012.

L'Archéologie du Savoir, Gallimard, 1969; *The Archaeology of Knowledge*, trans. Alan Sheridan, Vintage, 2010; 『지식의 고고학』, 이정우 옮김, 민음사, 1992/2000(재판).

L'Ordre du Discours, Gallimard, 1971; "The Discourse on Language," an appendix to *The Archaeology of Knowledge*, trans. Alan Sheridan, Tavistock/Pantheon, 1972, pp.215~237; 『담론의 질서』, 허경 옮김, 세창출판사, 2020.

2. 그 외의 저서

1) 우리말
에드워드 사이드, 『오리엔탈리즘』, 교보문고, 2013.
프랑수아 도스, 『조각난 역사』, 푸른역사, 1997.

2) 외국어
Guigot, André, *Michel Foucault. Le philosophe archéologue*, les éditions milan, 2006.

Revel, Judith, *Le Vocabulaire de Foucault*, ellipses, 2002.

Michel
FOUCAULT

[세창명저산책]

세창명저산책은 현대 지성과 사상을 형성한 명저를 우리 지식인들의 손으로 풀어 쓴 해설서입니다.

· 세창명저산책은 계속 이어집니다.